覺得怪怪的卻視而不見的女人、
抓住這點趁虛而入的男人們

一・眼・就・看・穿！

“渣男”圖鑑

I can spot it in an instant!
"KUZU OTOKO"
ZUKAN

板垣太朗
Mishiranu Mishiru
著

賴惠鈴 譯

自序——

培養「看男人的眼光」，擺脫不幸的戀愛吧

「這個人很有魅力，跟他講話很開心，但總覺得信不過。」
「他從不說自己的事，可是又說他想見我，是因為愛我嗎？」
「他總是責備我，害我很受傷。但那是我不好，所以也沒辦法。」
各位與男人交往時是不是都對這種「不太對勁的感覺」視而不見呢？
妳的他該不會是「渣男」吧？
大家好，我是板垣太朗，筆名「見知らぬミシル」。
目前以X（以前的推特）及IG為主在社群網站發表意見，多虧各位的支持，目前已經有超過二十萬人追蹤了。
我身為諮商師，至今諮詢過一千八百件以上的個案，從中意識到一件事。

那就是有很多女性都因為對我開宗明義提到的「不太對勁的感覺」視而不見，成為渣男趁虛而入的對象，為此受傷、變得不幸。

細節將在內文再仔細地為各位說明，基本上，渣男可分為以下幾種。

○可以從表情猜出他們在想什麼的冷酷型渣男↓眼裡沒有光（18頁）、眉清目秀的氛圍感帥哥（24頁）、臥蠶很明顯（38頁）

○沒有距離感的輕浮型渣男↓才剛認識就立刻用小名稱呼妳（52頁）、從頭到尾都在講自己的事（60頁）、頻繁地傳簡訊問妳「現在在做什麼？」（64頁）

○自以爲是的精神暴力型渣男↓講話很粗魯（100頁）、看似充滿自信，實則一點也不謙虛（104頁）、只有心情好的時候會溫柔得像是變了一個人（106頁）

○言行不一致的不負責任型渣男↓從不反省自己的所作所爲（132頁）、許下大把承諾結果一個也沒實現（134頁）、借錢不還（142頁）

○玩膩了就拋棄妳的唯我獨尊型渣男↓冷冷地說「要是有其他更好的人就去找他吧」（154頁）、丟下一句「我很喜歡妳，但我們分手吧」就從此再也不跟妳聯絡（156頁）

妳現在正在交往的男朋友、前男友、男性友人中是否也有這樣的人呢？只要符合其中任何一項，那個人就很有可能是渣男。即便如此，以上介紹的例子仍只是其中一小部分。本書將以漫畫、插圖並行的方式為各位徹底解說多達71種渣男的特徵與如何看穿對方是不是渣男的技巧、以及避免自己被渣男欺騙的方法。

只要看完這本書，應該就能明白自己心中那股說不清、道不明的不對勁感是怎麼回事了⋯⋯！

為了不再被渣男欺騙、不再為渣男流淚，一定要培養「看男人的眼光」，為了談更幸福、充實的戀愛，請務必繼續往下看。

板垣太朗（見知らぬミシル）

一眼就看穿！「渣男」圖鑑　目次

第2章 看穿對話的不對勁！

～千萬別忽略認識以後，對方不時流露出「不自然的距離感」～

第3章 看穿態度的不對勁！

～要跟愈相處愈覺得對方「不曉得在想什麼」的人保持距離～

第4章 看穿性格的不對勁！

～千萬別忽略不信任所引發的「覺得這個人一點也不成熟」的訊號～

第5章 看穿分手的不對勁！

～別被逐漸浮上檯面的「隱藏的本性」給騙了～

這本書裡面

會出現以下這幾種渣男！

▶可以從表情猜出他們在想什麼的冷酷型渣男

眼裡沒有光／眉清目秀的氛圍感帥哥／臥蠶很明顯……諸如此類

➡ 前往第 1 章　看穿外表的不對勁！

▶沒有距離感的輕浮型渣男

才剛認識就立刻用小名稱呼妳／頻繁地傳簡訊問妳「現在在做什麼？」……諸如此類

➡ 前往第 2 章　看穿對話的不對勁！

▶自以爲是的精神暴力型渣男

講話很粗魯／只有心情好的時候會溫柔得像是變了一個人……諸如此類

➡ 前往第 3 章　看穿態度的不對勁！

▶言行不一致的不負責任型渣男

從不反省自己的所作所為／許下承諾卻實現不了／借錢不還……諸如此類

➡ 前往第 4 章　看穿性格的不對勁！

▶玩膩了就拋棄妳的唯我獨尊型渣男

冷冷地說「要是有其他更好的人就去找他吧」／丟下一句「我很喜歡妳，但我們分手吧」……諸如此類

➡ 前往第 5 章　看穿分手的不對勁！

第 1 章

看穿外表的不對勁！

～初次見面就覺得「感覺怪怪」的直覺通常是對的～

Story1　光看外表就知道對方是不是渣男！?

但不是說的話和做的事不一樣
唉—？
我有答應過妳嗎？
就是腳踏兩條船
最後一班車跑掉了
什麼!?
再不然就是突然發火……
憑什麼要本大爺做？
沒半個誠實的人！
這麼說來，最近交往的人
多半是眉清目秀的氛圍感帥哥或頭髮中分的人呢
難不成那種男人都是渣男嗎

Case 1

眼裡沒有光，
感受不到生命力

渣男指數　☆☆☆

向許多人詢問渣男的特徵，「眼裡沒有光，感受不到生命力」即為其中之一。

很難從理論的角度說明渣男的眼神爲何了無生氣，我猜恐怕是因爲瞧不起人的態度及傲慢讓他們看起來「眼裡沒有光，感受不到生命力」吧。

有一句話是「眼睛乃靈魂之窗」。

雙眼的確會如實地表現出那個人的內在。

眼神很容易在無意中表現出喜悅、悲傷、憤怒、虛無、感動、尊敬、信賴等情緒，不同於言語及行為，很難由自己控制。

為了不要栽在渣男手裡，凝視對方的雙眼，培養自己從對方的眼神裡敏銳地捕捉各種訊息的感性至關重要。

＼ POINT ／

眼睛會表現出內在的一切。
「眼裡沒有光」、「眼神沒有笑意」的人很可能是渣男。

Case 2

瀏海長到遮住眼睛

渣男指數　☆☆

並非所有瀏海長到遮住眼睛的人都是渣男。

不過，渣男心裡通常都有些「虧心事」或「不可告人的過去」，因此「瀏海長到遮住眼睛」的狀態可能表現出冰山一角。

人類說謊時，表現得最明顯的部位就是眼睛。

例如「撇開視線」、「視線遊移」、「一直眨眼」。

或許是渣男擔心自己說謊被識破，所以在無意識的情況下用瀏海遮住眼睛。

另外，如前所述，眼睛會透露很多訊息。

如果不清楚對方是什麼樣的人，很容易感到不安的女性會更不安，因此最好別跟瀏海長到遮住眼睛的男人扯上關係。

POINT

瀏海長到遮住眼睛，
或許是有什麼事情想要隱瞞吧！

Case 3

穿著遮掩體型的大一號衣服

渣男指數　☆☆

很多渣男都會穿大一號的衣服。其實是因為他們對自己沒有信心，對體型或外表感到自卑。穿上大一號的衣服可以遮住自己的體型，讓自己看起來更魁梧一點，所以才喜歡這種衣服也說不定。

另外，不只渣男，服裝會顯示一個人的性格及嗜好、價值觀。打個比方，服裝乾淨整潔的人通常自我管理能力較高、穿著邋遢的人則反映出那個人不修邊幅的性格。

衣服的顏色及圖案也是。「喜歡亮色或誇張圖案的人通常都比較開朗樂觀」、「喜歡素色的人比較內向」也是一種判斷標準，所以不妨也從這個角度觀察對方。

POINT

穿大一號的衣服
可能只是為了掩飾些什麼。

Case 4

眉清目秀的
氛圍感帥哥

渣男指數　☆☆☆

走到哪裡都可以聽到「眉清目秀的氛圍感帥哥多半是渣男」。

首先可以想到一個可能性，可能是因為這種男人的母數太大了，眉清目秀的氛圍感帥哥是女性趨之若鶩的長相，因此自然比較容易遇到這種男人。

他們在學生時代通常不怎麼受歡迎，所以有些眉清目秀的氛圍感帥哥可能是為了報一箭之仇才變成渣男。

簡單地說，這是基於「換上時髦的髮型或服裝，盡可能跟許多女性打交道，若能因此受歡迎，就能扭轉過去乏人問津、沒有女人緣的悲慘人生」的想法。

另一方面，從各行各業的女性說的話聽下來，正統派的帥哥出現渣男的比率反而沒有這麼高。

其中一個可以想到的理由是「正統派帥哥從小就受盡吹捧，心理某種程度上已經得到充分的滿足感了，不再飢渴地想得到女性的肯定」。

POINT

氛圍感帥哥為了扭轉過去不受歡迎的人生，憤而變身為渣男。內心的黑暗深不見底。

Case 5

身上經常穿戴名牌
或華麗的首飾

渣男指數　☆☆

名牌成了誇耀自己很有錢、自己是成功人士的手段。

渣男會藉由穿戴高級的名牌貨或華麗的首飾來彰顯自己的價值，但其實多半是爲了掩飾缺乏自信的自己。

名牌具有客觀的價值，因此穿戴名牌貨或許能得到某種安全感。

也或許是因為他們置身於競爭的環境。

又或者是為了壓過同事或朋友等身邊的人，從中得到優越感，而買入昂貴的名牌。

無論如何，過度依賴物質的男人，內心通常都對自己感到不安或空虛，具有依賴即時報酬的傾向，不擅長省錢或執行長期的計畫，因此要特別小心。

POINT

對自己沒有信心，所以用名牌武裝自己的人，
自尊心通常比天還高。

Case 6

喜歡穿流行的服飾或梳流行的髮型

渣男指數　☆☆☆

渣男只有一個目的，那就是「如何讓自己更受歡迎」。

因此不論是髮型或穿著打扮，很容易以「女性喜不喜歡」爲選擇標準，而非「自己想怎麼穿」。

就拿髮型來說，倘若中分是時下的流行，那麼就會有很多渣男都梳起中分的髮型。

渣男為了受到矚目，不是模仿明星的穿著打扮就是原封不動地照抄社群網站或雜誌上刊登的穿搭。

一旦察覺對方的髮型或穿著可能是跟風之下的結果，或許可以試著問對方：「你為什麼想打扮成這樣？」

如果毫無自己的感性，而是以時下流行做為選擇標準的話，就算問他為什麼想打扮成這樣，通常也得不到明確的回答吧。

POINT

穿著打扮只想討好女性的男人
完全沒有自己的信念。

Case 7

笑的時候不露齒

渣男指數　☆

「用瀏海遮住眼睛」

「穿大一號的衣服」……等等

如同前面列舉的特徵，渣男在心理上具有「試圖隱瞞所有事」的傾向，所以「笑的時候不露齒」也是其特徵之一。

他們之所以想隱瞞一切，主要是因為他們認為「隱瞞」＝「充滿神祕感的人比較有女人緣」，或者是因為「做了什麼虧心事，所以下意識想隱瞞」。

不知道他們在想什麼的男人通常都有這種傾向，所以很難建立信賴關係。

我不建議知道自己很容易感到不安的女性跟這種男人扯上關係。

最好跟可以輕易地從表情看出情緒、願意積極展現出自己的內心世界、誠實的人交往。

POINT

「隱藏」眼睛、牙齒和體型的人，
內心通常都有一個黑洞。

Case 8

雙眼的瞳孔大小不對稱

渣男指數　☆

從面相學來看，兩隻眼睛的瞳孔大小、形狀或位置不對稱的人通常具有以下的特徵。

- 擁有無法用常識來判斷的思考邏輯
- 興趣或嗜好與普世價值略有出入，很容易做出難以理解的行為
- 具有不按牌理出牌、欺騙別人的傾向
- 有很多只為了滿足自己欲望的言行舉止

這種男性通常都具有精神不穩定的傾向，因此如果妳也覺得自己的精神不夠穩定，就要注意了。

另外，很容易感同身受、情感比較豐富的女性也很容易被可能會破壞既定和諧、天外飛來一筆的言行舉止耍得團團轉，因此請務必跟這種男人保持距離。

相反地，如果是一向按照自己的意志行動，不會過於在意對方的心情或意圖的女性，反而跟這種男性更合拍也說不定。

POINT

雖然只是可能性，但如果遇到這種男人還是要小心！

Case 9

總是眉頭深鎖

渣男指數　☆☆

眉頭深鎖的人通常在精神上有很多壓力，很容易失去控制。

仔細想想不難理解。

因爲人類的臉會反映出「過去都是什麼樣的表情」之集大成。

愛笑的人嘴角大抵是上揚的，做每件事都願意負起責任來的人眼神多半很有力量吧。

同樣地，可以推測眉頭深鎖的人這輩子多半都是以凝重的表情示人。

像是以不高興的態度控制對方、或是為了不被小看而表現出蠻橫的態度。

不妨從那個人臉上的表情來推測他過去的人生。

POINT

一個人的表情刻劃著一路走來的
人生與真實的性格。

Case 10

眉毛非常稀疏

渣男指數　☆

面相學認爲眉毛非常稀疏的人做事非常有要領、擅長揣測對方的心情、懂得靈機應變地處理各種突發狀況，但另一方面也具有沒耐心、容易感情用事、生氣時容易變得充滿攻擊性的毛病。

實際上，在諮詢現場也經常有飽受另一半精神暴力所苦的女性來找我商量，問她們這種男人有什麼特徵時，發現這種很容易抓狂的男人都有一個共通點，那就是「腦筋動得非常快」。

做事情很得要領、腦筋動得非常快的男人在需要協助時非常可靠，但也因為他們擅長找出別人的錯誤或矛盾之處，因此可能會發展成否定他人、攻擊他人的極端現象。

「動不動就想用黑白善惡來判斷一個人」也是這種男人的特徵。

不妨當成一種觀察指標。

POINT

「腦筋動得非常快」和「沒耐心」
放在一起就成了精神暴力。

Case 11

臥蠶很明顯

渣男指數　☆☆

面相學認為臥蠶或黑眼圈是性慾的表徵。

據說臥蠶愈明顯的男人性慾愈強。

單就性慾而言，「性慾強＝對異性有強烈的追求」，因此劈腿的可能性當然也就高於一般人。

另一方面，沒什麼性慾的男性基本上對異性沒什麼強烈的追求，因此劈腿的可能性也比較低。

然而，沒什麼性慾也就意味著很容易演變成無性生活，這也不太好。

換言之，從性慾的角度來說，如果把不希望另一半劈腿和不想過上無性生活放在天平的兩端來思考（當然也有人明明性慾很強卻陷入無性生活；也有人明明沒有性慾卻還是劈腿），女性必須想清楚自己比較不能接受哪一種。

POINT

不能把「性慾強」與「渣男」畫上等號，
但確實是可能會腳踏兩條船的人。

Case 12

嘴角上下歪斜

渣男指數　☆☆

面相學認為嘴角上下歪斜的人很擅長見人說人話、見鬼說鬼話，精於算計。

因此在談戀愛的時候也充滿了謊言與虛與委蛇。

身為諮商師，我發現有非常多的女性深受對方的謊言與虛與委蛇所苦。

這種女性最好養成凡事先思考「這傢伙為什麼要說謊」的習慣。

舉例來說，可能有以下幾個原因。

- 想隱瞞什麼
- 想讓自己看起來更稱頭
- 想快點跟妳交往
- 不相信對方

不能只從「面相」這種表面的分析來判斷，也必須思考對方說謊的背景。

POINT

分析不對勁的感覺來自何方，
應該就能覺察謊言與虛與委蛇。

Case 13

眼角上揚呈倒八字形

渣男指數　☆☆

面相學認為眼角上揚呈倒八字形的人通常具有爭強好勝、不服輸的性格。尤其扯到戀愛，非常在意自己在對方眼中的形象是否完美，倘若妳稍微對他冷淡一點，他就會產生嫉妒心。

還有，這種人非常忠於自我，有點愛出風頭。

換句話說，這種人有著自我中心、不在乎對方的心情、恣意妄為的毛病。然而看在女性眼中，有時候會覺得這種人可以幫自己決定許多事，甚至是很迷人的男人。

乍看之下似乎很有責任感，其實很多行為都只是出於自我中心之下的決定，因此觀察對方做決定時有沒有考慮到妳的心情「想去哪裡？」、「想吃什麼？」、「我認為是〇〇，妳覺得呢？」也很重要。

POINT

只是單純的自我中心？
還是出於體貼的積極行為？

Column 1

內心充滿自卑感的男人

渣男指數　☆☆☆

每個人都有自卑感，偏偏有些男人放任自卑變成自大，養成狗眼看人低的習慣。**他們會將自己的自卑感投射在對方身上，藉此獲得優越感。明明沒有人想知道，卻滔滔不絕地從自己畢業的大學、上班的公司到賣弄知識及年收入等等，想藉此贏得他人的認同。如果只有這樣尚可忍耐，要是還想藉由貶低別人、與他人比較來獲得優越感的話就很棘手了。尤其是故意批評別人的能力或長相的人，很可能內心有著根深蒂固的自卑感。**

這種自卑變自大的原因可能是因為小時候沒有得到父母的愛，或是過去完全沒有受到肯定的經驗，奈何本人毫無自覺。

當對方的地盤意識太強烈、動不動就否定別人，絕不是因為妳有問題，問題出在他的自卑感，請務必理解這一點。

具　體　的　台　詞

「我在〇〇公司上班，比那些低三下四的男人賺更多錢。」

「妳就不能努力再瘦一點嗎？」

第 2 章

看穿對話的不對勁！

～千萬別忽略認識以後，對方不時流露出「不自然的距離感」～

Story2 光聽對話就知道對方是不是渣男!?

我最近跟女朋友處不好
打算分手
黯然神傷……
這些對話……是不是有什麼共通點？
現在回想起來……
這根本不是溫柔也不是體貼
只是因為一時的衝動或當下的氣氛脫口而出吧
根本沒有任何深意也沒有責任感……
或許不該跟他們扯上關係……

Case 14

才剛認識就馬上稱讚妳「好可愛」、「妳是我的菜」

渣男指數　☆☆☆☆

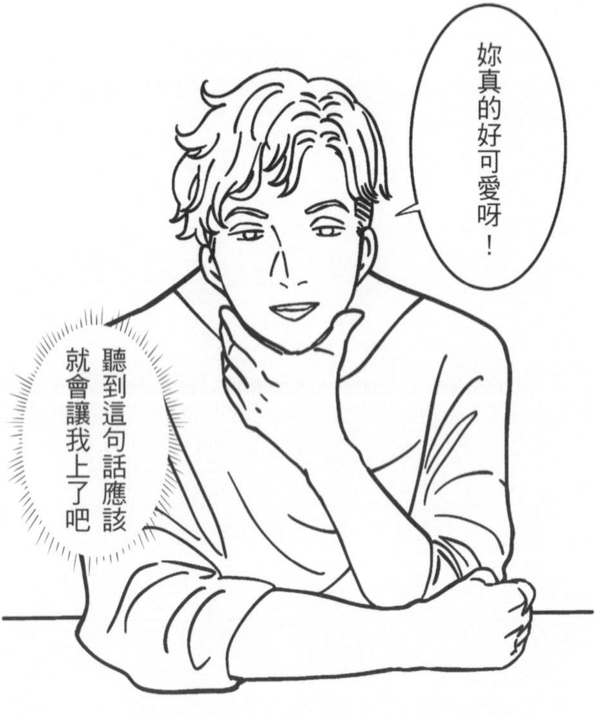
妳真的好可愛呀！
聽到這句話應該
就會讓我上了吧

渣男總是把「妳好可愛」、「妳是我的菜」這種「主詞可以換成任何人的讚美」掛在嘴邊。

基本上，聽到「妳好可愛」這種話，沒有女生會不高興，尤其是不習慣自己肯定自己的女性很容易沉溺在這種甜言蜜語裡。只不過，如果一開始就臉不紅、氣不喘地把這種話掛在嘴邊，就要懷疑對方很可能也對別人這麼說。

他們知道即使是這麼膚淺的話，也能吸引到一定數量的女性。

說穿了，他們根本瞧不起女人。

他們會在腦海中把這句話翻譯成「聽到這句話應該就會讓我上了吧」。

要是被這種一點洞察力都沒有，也一點都不誠實的甜言蜜語所惑，將會喪失身為女性的尊嚴。

妳明明有很多光靠「妳很可愛」這句話無法概括的優點。

千萬別被渣男的甜言蜜語迷惑了。

POINT

甜言蜜語只是想以最少的努力
哄最多的女人上床罷了。

Case 15

劈頭就問妳
是不是一個人住

渣男指數　☆☆☆

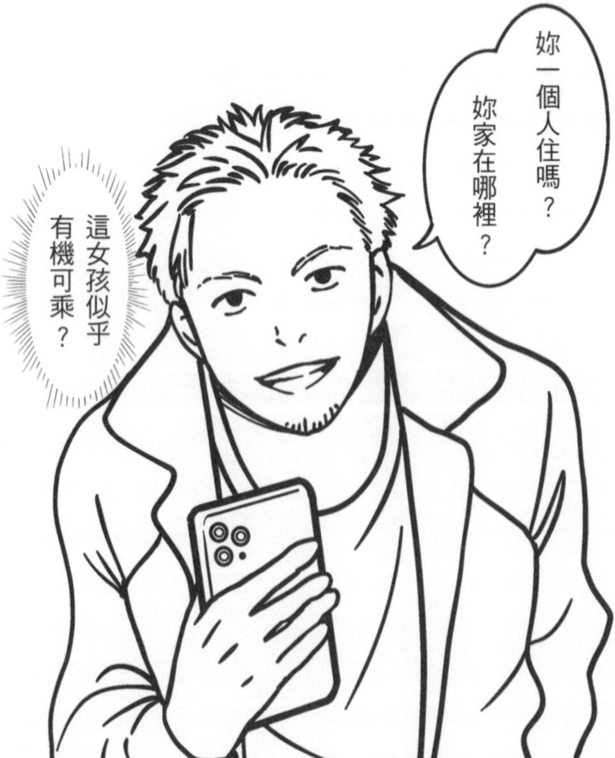
妳一個人住嗎？
妳家在哪裡？
這女孩似乎有機可乘？

「發生性行為」是渣男的生存目的。

基本上，渣男所做的一切都是以上床為前提，各位最好事先理解到這一點。

既然是以上床為前提，一開始就必須確認對方是不是一個人住。

因為如果對方跟家人住在一起，著實無法去對方家與對方發生性行為。

如果是在聊天的過程中自然而然地提到這個話題當然沒問題，但如果打從一開始就以非常不自然的方式問妳是不是一個人住、怎麼回家的話，這傢伙的目的很可能就是要跟妳上床。

還有，愈是滿腦子想著要跟妳上床的男人愈有可能才剛認識就說「妳好可愛」、「我好喜歡妳」，摸妳的頭、牽妳的手、對妳動手動腳，所以一定要小心。

POINT

要對不斷詢問妳是不是一個人住、
住在哪裡的男人提高警覺。

Case 16

才剛認識沒多久就
自來熟地用小名稱呼妳

渣男指數　☆☆☆

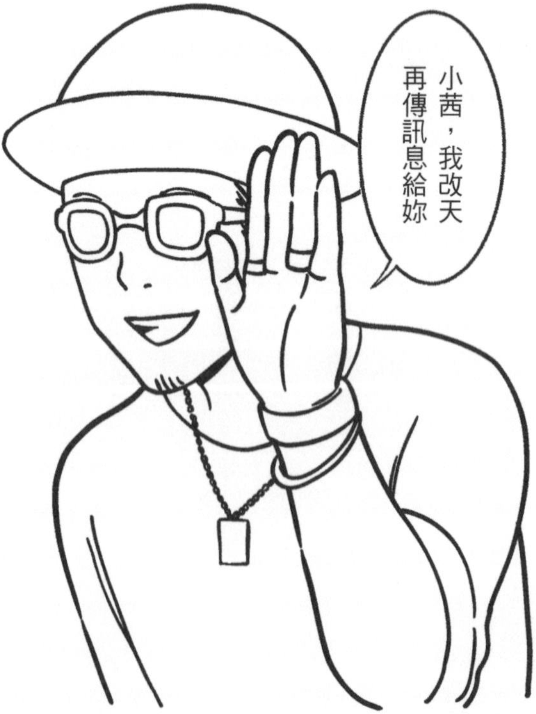
小茜，我改天
再傳訊息給妳

渣男不管三七二十一就是想拉近物理上或精神上與女人的距離。

還在利用應用程式與妳互傳訊息的階段就沒大沒小地說話，明明妳比他年長，說話卻一點也不禮貌，彷彿沒有用敬語說話的概念。

說得好聽一點是「擅長拉近人與人之間的距離」，平心而論一點則是「不懂得拿捏距離」。

如果是對自己看男人的眼光沒有自信的人，最好透過這種說話方式來看清楚對方的爲人。

另外，明明還在交淺言深的階段，渣男卻動不動就在說話的時候用小名稱呼妳。

這可以說是為了暗示妳是他的人，為了讓妳對他留下深刻的印象，為了讓妳覺得你們的關係是特別的策略。

如果對方七早八早就用小名稱呼妳，最好對這種人提高警覺。

POINT

從說話的方式及拉近距離的方法
可以看出那個人是否誠實。

Case 17

表現得異常親切「不嫌棄的話我可以幫忙喔」

渣男指數　☆☆☆

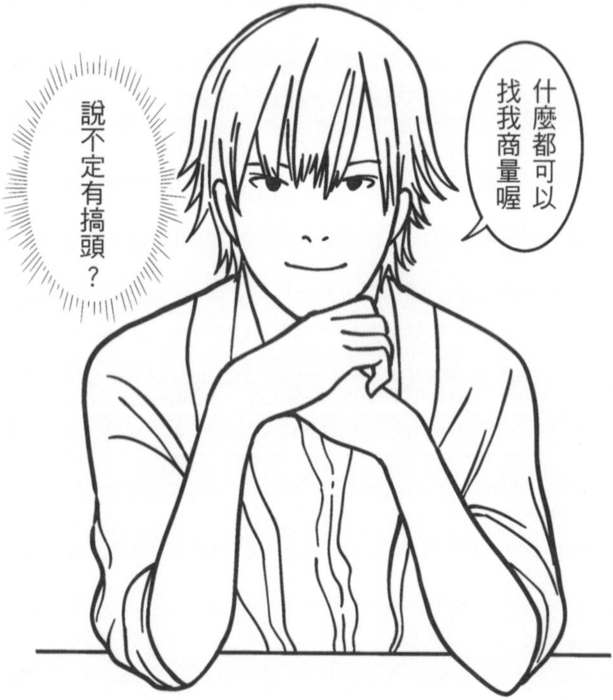
什麼都可以找我商量喔
說不定有搞頭？

大部分的人都沒有閒到願意不求任何回報地對關係尚淺的人好。

詐騙也一樣，起初先表現得異常親切，藉此贏得顧客的信任，再蠶食鯨吞地騙光顧客的財產是最常見的手法。

因此必須從「對我這麼好，這個人可以得到什麼好處？」的角度來思考。

我認為表面的人際關係基本上都是靠利害關係來維繫。

反過來說，超越利害的關係才是所謂深入的關係。

換言之，明明還沒有建立深入的關係，就一廂情願地對妳好的男人很危險，不能輕信。

當然也有不求任何回報地溫柔對待身邊所有人的善心人士。

但是這些善心人士心裡多半都有「只為自己活太沒意思了」或「想透過拯救別人來拯救自己」這種無意識的目的或明確的意圖。

POINT

對過分親切存疑的人比較不會被渣男玩弄於股掌之間。

Case 18

隻字不提與同性友人相處的種種

渣男指數　☆☆☆☆

仔細聽渣男都在說什麼，不外乎女人、酒、賭博之類的話題，從來沒聽過與同性友人相處的種種。

尤其是話題轉來轉去都是女人，「我昨天和〇〇去喝酒了」、「女人都很喜歡我」的人往往都想藉由強調自己有多麼受女人歡迎來證明自己的價值。

就算提到同性友人的話題，通常也會讓人覺得「你那朋友沒問題吧？」因爲渣男的朋友好像也都是渣男。

男人聚在一起或許都在討論「我和多少女人上過床」這種窮極無聊的話題。這種男人都把「和多少女人上過床」視為自己的自我認同，因此就算和這種男人交往，對方可能也會一直劈腿。

重點在於要徹底掌握對方的交友關係。

POINT

了解對方的交友關係非常重要，
渣男的朋友通常也都是渣男。

Case 19

經常抱怨、發牢騷、說別人壞話

渣男指數　☆☆☆

任何人都有想發牢騷或吐苦水的時候，但如果次數太密集，或是發言讓自己感到不舒服的話，就要檢討與那個人的關係了。

尤其如果對方是渣男的話，更是會經常說別人壞話，開口閉口就瞧不起別人或貶低別人。像是「主管真的好囉嗦」、「已經說過好幾次了，那傢伙還是犯同樣的錯」、「○○一直交不到女朋友，這輩子沒救了」等等。

與這種只會說別人壞話的人交往，女性很容易感到不安。

因為會擔心「他是不是也把我批評得一文不值」、「他該不會在別的地方說我壞話吧」。

這麼一來就不敢表現出真實的自己，很多事情都不得不忍下來。

不過，分清楚批評和說別人壞話也很重要。因為批評和說別人壞話不一樣，批評其實具有建設性的一面。無論如何，我認為妳完全不需要接受那些聽了讓人感到不愉快或不安的話。

POINT

消極負面的發言可以看出
那個人的智慧及成熟度。

Case 20

從頭到尾都在講自己的事，或者是對自己的事絕口不提

渣男指數　☆☆☆

我現在可以領到這麼多薪水，如今正在負責一個很大的專案，忙得不可開交呢
還有還有，我當學生的時候啊……

基本上，一直沒完沒了講自己的事，或是對自己的事絕口不提的人都沒能好好地接納自己。

前者是「渴望被了解」、「希望被接納」的心情很強烈的人，因而向對方尋求接納與了解。

後者則是基於自卑感或內心不相信自己，所以對自己的事絕口不提。

明明已經有女朋友或老婆了，還試圖隱瞞的混蛋也在所多有。

要跟無法接納自己的人建立信賴關係非常困難。

因為無法接納自己的人自然也無法接納別人。

能接納別人的人也能接納自己，通常是精神上已經很穩定的人。

倘若剛認識的時候就自顧自地講自己的事，或是對自己的事絕口不提，最好跟這種人保持距離，方為上策。

POINT

太渴望別人「了解我！」的人
通常都沒有接納自己。

Case 21

會提出論點或描繪願景，但一點也不具體

渣男指數　☆☆☆☆

渣男總是能臉不紅、氣不喘地說一些聽起來很迷人的漂亮話，例如「我想為別人活」、「我抱著使命感工作」等等。

對於對渣男沒有抵抗力的女性或缺乏戀愛經驗的女性而言，這些甜言蜜語聽起來實在太迷人了，但這些美麗的幻想大概沒多久就會破滅。

請試著問他們：「具體而言你想做什麼？」

大概得不到什麼了不起的答案吧。

他們只會出一張嘴，很少聽到什麼實際且持續執行的例子。

換個角度來看，也可以看出光靠一張嘴就能攻陷的女性並不少。

他們嘗到了甜頭，開始對所有女性說出這些膚淺的甜言蜜語。

因此必須理解「真正美好的承諾要真的實踐才有意義」。

POINT

渣男是甜言蜜語的專家。重點在於要檢查他們是否說到做到。

Case 22

頻繁地傳簡訊問妳「現在在做什麼？」

渣男指數　☆☆☆

我猜大部分的女性都希望男人能頻繁地與自己保持聯絡，但是聯絡得很頻繁的男人不見得就一定是誠實且溫柔的人。

尤其是頻繁地問妳「現在在做什麼？」的男人通常都有支配欲或充滿強烈的不安。

一心只想掌握對方的行蹤。

因此對於想鉅細靡遺地了解對方生活的男性請不要誤以為「聯絡得這麼勤，表示他時時刻刻惦記著我」，而是要產生「他是不是想支配我？」、「他是不是要掌握我的一切才放心？」、「他是不是不安又寂寞？」的疑問比較好。

談戀愛的時候能冷靜下來思考「彼此都是獨立自主的大人，不需要掌握彼此生活的一切」在建立健康的關係上至關重要。

因此最好從平常就密切地溝通，與對方分享彼此追求的關係與渴望的距離感等價值觀。

POINT

每天問妳「在做什麼？」、「妳在哪裡？」
可能是基於支配的欲望。

Case 23

以「男人就是這種生物」正當化對自己不利的事

渣男指數　☆☆☆☆

渣男都有個共通點，那就是正當化自己的能力非常高明。後面會再提到「○○很正常啊」（Case 26）也是其中之一，總之他們不管怎樣都想證明自己是對的。

因此他們的字典裡沒有認錯這兩個字。

·就算女友說「你這樣說話很傷人，別再說這種話了」也不會改進

·不遵守約定就算了，還扯一堆藉口；都已經交往還不肯刪掉交友軟體

·自己可以跟別的異性在一起，卻不許另一半有異性朋友

也就是說，他們「絕不道歉」也「絕不改變」。

跟這種男人交往大概會三天一小吵、五天一大吵。久而久之，女生這邊也會把「希望對方道歉」變成目的，難以產生有建設性的共識。

不願意承認自己的錯誤、不認為那是自己的責任，跟這種人就連要好好說話都很困難，因此剛認識的時候就看清對方是不是這種人至關重要。

＼POINT／

為了看穿對方的本性，女性在交往前也最好想說什麼就說什麼。

Case 24

面不改色地批評女性的身材或長相

渣男指數　☆☆☆☆

批評女性的身材或長相的男人有一個共通點，那就是「具有強烈的自卑感」。他們批評對方的長相可能有兩個原因。

一是為了掩飾自己的缺點。

可能是因為害怕直視自己的缺點，為了轉移注意力，才故意貶低對方。利用攻擊別人來保護自己。

另一個原因是想證明自己的優勢。

藉由貶低對方來抬高自己的相對位置。

還有，會說出「妳能不能再瘦一點？」、「女生就要穿裙子」、「妳要不要改變一下？」這種話的男性通常都把女人視為物品。

他們認爲女人跟裝飾品沒兩樣，所以想依自己的喜好改變對方。

只要妳接受自己的身材或長相，那就一點問題也沒有。

妳應該要有屬於自己的審美觀。

\ POINT /

就算開玩笑，也不能允許男人出口傷人。

Case 25

經常把「我為妳做了〇〇」掛在嘴邊

渣男指數　☆☆☆

「我為妳做了〇〇」是渣男的口頭禪。

像是「我和妳交往」、「我幫妳提行李」、「我來見妳」、「我幫妳決定了這麼多事，妳卻完全不知感恩」等等。

諸如此類的發言都出於瞧不起對方的傲慢，因此通常都要求對方心存感激或有所回報，例如：「我為妳做了這麼多，妳應該感謝我」。

這些好都不是源自純粹的善意，而是基於「想得到自己付出了什麼的成就感」的心理。

想當然耳，男性多少都有「想保護女人」的保護欲，而這也表現在「我為妳做了〇〇」這句話上頭。

並不是說這種話的人就一定是渣男，但如果覺得對方自以為有恩於妳的感覺很討厭，不妨與這種人保持距離。

POINT

瞧不起別人、態度傲慢的人一輩子都改不了。

Case 26

用「○○很正常」打馬虎眼

渣男指數　☆☆☆☆

現代人的價值觀非常複雜、多樣化。

無法套用至今覺得理所當然的常識及一般論點的情況也在所多有。

因此必須配合對方的性格或狀況臨機應變地說話、行動，但是渣男（尤其是精神暴力型渣男）缺乏這種臨機應變的彈性。

對於自己無法理解的事，會用「一般人才不會在意這種事」、「正常人不會在已經有男朋友的情況下還跟別的男人見面吧」這種「妳跟一般人不一樣」、「妳想太多了」的說法蓋過。

他們認爲「自己才是對的」，所以聽不進別人說的話，也不認同別人的價值觀。

只想把所有的決定權都掌握在自己手中。

因此萬一跟這種男人扯上關係，女性很容易陷入「我的想法是不是不太對」的迷思，逐漸失去自己的意見和價值觀。

POINT

由於渣男都認為自己才是對的，

千萬不要靠近他們。

Case 27

才認識沒多久
就急著承諾未來

渣男指數　☆☆☆☆

這也跟Case14、Case17一樣，渣男會把猛一聽讓人充滿安全感的甜言蜜語掛在嘴邊。

或許也有人遇過類似的渣男，事實上，愈是說「我一定要跟妳結婚」的男人愈容易翻臉不認人，愈是說「我們要永遠在一起」的男人愈容易移情別戀。

話說回來，對不確定的未來許下承諾必須具備相當程度的覺悟與決心。

但渣男只因一時情到深處就輕易許下那麼重要的承諾。

最好提高警覺，要是輕易相信，為此感到飄飄然可能是不幸的開始。

另外，他們也會把「我對妳是認真的」、「我最喜歡妳了」這種毫無責任感的話掛在嘴邊，藉此達到他們的目的，因此也得對這一類的甜言蜜語提高警覺比較好。

POINT

搞清楚「這只是甜言蜜語」，千萬不要當真。

Case 28

一直說「我會跟她分手」卻遲遲沒有跟對方分手

渣男指數　☆☆☆☆☆

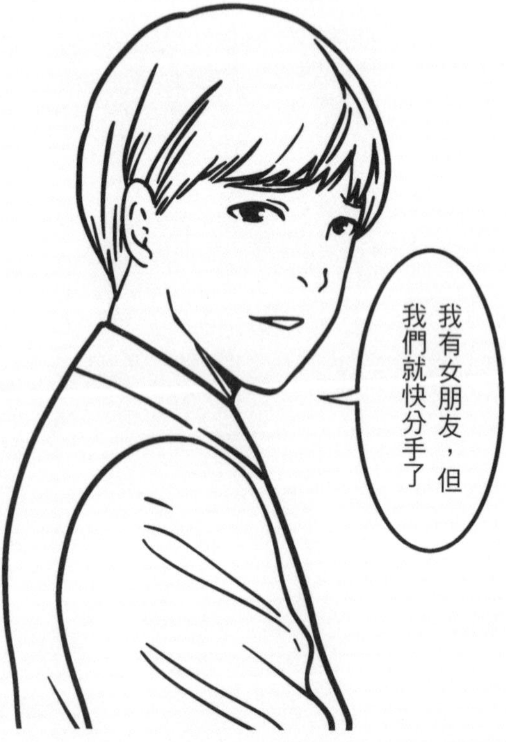
我有女朋友，但我們就快分手了

對於說要跟女朋友分手卻又說話不算話的男人，請斬釘截鐵地告訴他們：「等你跟女朋友分手後，我們再見面。」、「等你跟老婆離婚再來找我。」

從結果來看，那種男人既不會跟女朋友分手，也不會跟老婆離婚。

我猜被男朋友腳踏兩條船的人或談過婚外情的人應該很清楚這一點。

遇到這種情況，不妨仔細觀察「是不是已經處於分手的狀態或採取要分手的行爲」，而不是聽信「想分手的心情或話語」。

我在諮詢的時候經常遇到女性向我吐露不安的情緒：「不確定他是不是真的會為了我分手。」一直期待「他到底什麼時候才要分手？」然後對「他還沒分手」感到失望的精神壓力其實非常大。

腳踏兩條船或婚外情是心臟非常大顆的人才玩得起的遊戲，千萬不要沒做好心理準備就一頭栽進去。

POINT

沒有覺悟的人或精神脆弱的人
請不要搭理有女朋友或已婚的人。

Case 29

「我很喜歡妳，但現在還不能跟妳交往」讓妳對今後抱著期待

渣男指數　☆☆☆☆☆

「打馬虎眼」是渣男的特徵。

這種「打馬虎眼」的手段是基於不希望對方離開自己的心情，也就是想留著妳這個備胎的目的。

但就只是備胎，要發展成真命天女的可能性微乎其微。

若能直言不諱地坦承自己對妳有沒有好感、自己追求的關係，女性也比較不用浪費時間，但他們只考慮到自己，所以遲遲不願把話說清楚。

當然也是有一定會告訴妳：「我很喜歡妳，但是不能跟妳交往」的狀況。

只是在那種情況下，誠實的男人會仔細地說明「為什麼不能跟妳交往」，但渣男不會說清楚、講明白。

這麼一來，女性就會陷入混亂，繼續抱著期待。

\ POINT /

渣男讓妳抱著期待只是為了延續這段曖昧的關係。

Case 30

完全不避孕

渣男指數　☆☆☆☆☆

交往前在物理上的距離感就很近、才剛認識就帶妳回家或約妳上賓館的男人多半是渣男。

另外，夜已深還一直灌妳酒、害妳趕不上最後一班車也是他們慣用的手法。不僅如此，渣男注重眼前的快樂，欠缺長期的觀點及規避風險的思考邏輯，因此經常不戴保險套。

他們還會正當化自己的行爲，說出匪夷所思的混帳話，像是「戴保險套多沒勁啊」、「我是爲了讓妳享受才故意不戴套」。

也有不少男朋友不避孕的女性來找我商量，那些男人除了「不避孕」以外，通常還有「謊話連篇」或「遇事逃避」等不能當作沒看見的缺點。「說謊還不戴套」或許也是渣男的特徵之一。

POINT

光是「不避孕」就可以確定這傢伙是渣男了。

Column 2

毫無愧色地對朋友的女朋友出手的男人

渣男指數　☆☆☆☆☆

對別人的另一半或家人（姊妹）出手的男人具有道德觀完全壞掉了、很容易隨波逐流，被誘惑及衝動的感情牽著走的特性。此外，他們還喜歡「掠奪的快感」，也就是所謂的「睡別人的女人」，可以說是千奇百怪的渣男中最渣的那種。

由此可見，追求背離道德的刺激或一時快感的男人通常不具備自我控制的能力，無法想像自己的行爲會給對方或周圍的人帶來什麼樣的影響，一旦跟這種人扯上關係，大概會墮入不幸的深淵。

他們的特徵是「總之跟人沒有距離感」、「眼神沒有光采 or 閃閃發光到令人害怕的地步」、「開口閉口都是自己的事」「能臉不紅、氣不喘地說出噁心的台詞」。對戀愛特別沒有自信的人，最好以最快的速度與這種男人劃清界限，方為上策。

具　體　的　台　詞

「（第一次見面）我們下次一起出去玩吧！

「我們的相遇是延續前世流傳下來的緣分。」

第 3 章

看穿態度的不對勁！

～要跟愈相處愈覺得對方「不曉得在想什麼」的人保持距離～

Story3 光靠態度就知道對方是不是渣男!?

從小到大遇到的男人有好多是愈相處愈覺得對方「不曉得在想什麼」的人啊
對過去談的戀愛顧左右而言他的男人
有什麼關係嘛，都是過去的事了
感情一變好，說話就變得很粗魯的男人
什麼？
別開玩笑了！
妳在說什麼？
其實已經有老婆的男人
咦？
我沒說過嗎？
抱歉抱歉
……等等

幸好我開始學會從態度看出他們是什麼樣的男人了
這傢伙怪怪的
光速逃離
一旦察覺有異就立刻遠離對方，珍惜與真正對的人相遇
最近認識的這個人不只對我，連對店員說話都很客氣。
不管再忙，性格都很穩定、很謙虛
不會自以為是，能與我深入談論愛情觀的問題
幸好我選了這個人！

Case 31

試圖隱瞞重要的訊息

渣男指數　☆☆☆☆☆

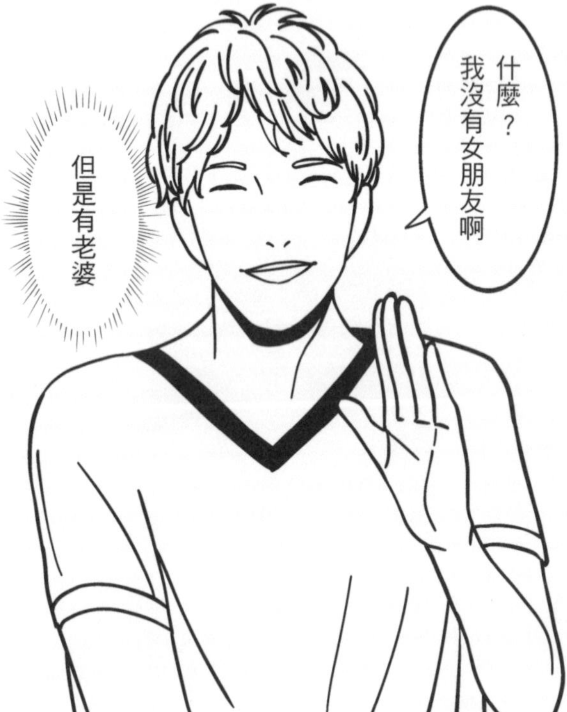
什麼？我沒有女朋友啊
但是有老婆

為了建立信賴關係，向對方坦承自己重要的背景至關重要，例如家庭成員及過去的經歷等等。

但渣男絕不會主動坦承自己走過什麼樣的人生，其實已經有女朋友了，甚至已經結婚生子等等。

如果是有良知的正常人，多少會對自己隱瞞重要的訊息產生罪惡感，但渣男太習慣說謊或隱瞞了，因此沒有絲毫罪惡感，可以從頭隱瞞到尾。

我諮商時經常聽到「我後來才知道男朋友其實已經結婚了」的案例。

他們熟知在交代一件事的時候如何隱瞞可能對自己不利的事實，能平心靜氣地隱瞞到底。

除非對方問起，否則絕口不提自己的私事，或者就算對方問起，也經常四兩撥千金帶過的話，就要提高警覺，方為上策。

\ POINT /

想知道什麼就毫不避諱地主動詢問也很重要。

Case 32

詢問過去的事都被對方四兩撥千金地蒙混過去

渣男指數　☆☆☆☆

這點跟前面提到的「試圖隱瞞重要的訊息」是一體兩面的問題，渣男對自己過去的所作所為感到心虛，因此經常會顧左右而言他。

舉例來說，當妳問他：「過去談過什麼樣的戀愛？」、「以前做過哪些工作？」不是四兩撥千金地說：「沒必要提過去的事吧？」就是反過來質問：「妳問這個做什麼？」藉此爭取思考要怎麼騙妳的時間。

又或是語焉不詳地隨口敷衍「那種事無所謂吧」、「我不想害妳傷心，所以我不想說」、「妳想太多了」、「這件事已經過去了」，藉此蒙混過去。

這種狀態長此以往，女性很容易感到不安「不知道他在想什麼」、「總覺得他說的都不是真心話」。

為了看穿對方是否願意誠實地回答妳問的問題，請勇敢地詢問對方過去的事，不要害怕會被對方討厭。

POINT

一個男人誠不誠實都表現在
怎麼回答妳的問題和說話時的反應。

Case 33

逃避與妳討論深入的話題

渣男指數 ☆☆☆☆

渣男很擅長流於表面、聽起來很開心的對話，非常害怕聊得太深入。深入的話題像是「什麼是你重視的價值觀？」或「為了建立起信賴關係，你認為需要什麼？」或「話說回來，你認為人為什麼要跟別人交往？」等需要抽象思考的主題。

提到這類需要抽象思考的主題時，渣男通常會以「別聊這麼艱深的話題，聊點開心的事嘛」、「妳眞是太認眞了，居然想得到這種事」來迴避。

然而，根據我過去的諮詢經驗，看過許多小不心栽在渣男手裡的女性，不難發現她們其實也跟渣男一樣，不太喜歡進行深入的溝通。

換句話說，雙方其實都沒有自己的想法。

POINT

只要能討論深刻的話題，
就能輕易看穿渣男的把戲。

Case 34

迴避妳的視線

渣男指數　☆☆☆☆

Case2提到過「渣男會用瀏海遮住眼睛」，渣男基本上都有強烈的自我防衛意識，會習慣性地迴避妳的視線，藉此拉開彼此間的距離。

比個比方，遇事逃避的「迴避型」男性就屬於這種人。

我會仔細觀察第一次來找我諮詢的人「是否願意與我四目相交」，不太願意與我四目相交的人都有一些共通點，不是有很多複雜的問題，就是自我防衛意識太強。

再說得更深入一點，這種人的溝通經常是獨善其身，明明和別人在一起，卻感到深深的孤獨。

另一方面，溝通時願意好好地看著對方的眼睛則多半是強烈地意識到對方的存在，相信自己、也相信他人的人。

因此為了察覺到箇中的奧妙，女方也必須養成好好凝視對方雙眼的習慣。

POINT

不願意與對方對視的話，
在一起也只是徒增寂寞而已。

Case 35

說的話和做的事自相矛盾

渣男指數　☆☆☆☆

如前所述，渣男說的話、做的事通常都是基於當時的氣氛和心情，因此說的話和做的事經常自相矛盾。也因此經常發生以下的狀況。

- 嘴上說得好聽「我想見妳」卻不主動來找妳
- 嘴上說得好聽「我很忙，沒時間見面」卻有很多時間從事自己的興趣
- 嘴上說得好聽「我絕不會主動提分手」卻還是提了，或是一直拈花惹草
- 嘴上說得好聽「這件事我只告訴妳喔」卻也告訴其他人

誠實的人才不會說這種不負責任的話，對未來的承諾應該也會很慎重。當女方主動要求「請告訴我原因」也會因為誠實而採取慎重的行動，所以請先看清對方是渣男還是誠實的男人。

渣男會見人說人話、見鬼說鬼話，讓女性對自己產生依戀。由此可知，一旦與對語言的影響力毫無自覺、沒有責任感的人扯上關係，很容易陷入混亂、筋疲力盡，所以一定要小心對方說的話和做的事是否自相矛盾。

POINT

渣男沒有責任感，因此說的話和做的事基本上都不一致。

Case 36

見面時一直盯著手機

渣男指數　☆☆☆

比起聯絡的頻率及見面的次數，男人的愛情更容易體現在見面時的態度上。

無論訊息傳得再怎麼密集，無論再怎麼頻繁見面，如果見面時一直盯著手機，就表示對方其實並不是想跟妳在一起，而是「只要是對自己有好感的人，換誰都可以」。

也就是說，渣男會利用對自己有好感的人，濫用他們的好意。

話說回來，我認為關心其實是「喜歡」的一種解釋。

見面時如果一直盯著手機看，就表示他關心手機螢幕裡的世界更勝於妳這個人。

手機大可以留到獨處時再看。

當他把可以留到獨處時再看的手機放在妳前面，答案已經很清楚了。

見面時有多關心對方，就表示他有多喜歡妳。

POINT

見面時，他比較關心什麼呢？

Case 37

以睥睨的目光瞧不起人

渣男指數　☆☆☆☆

女性由下往上看一個男人時，通常是喜歡這個人。

另一方面，男人由下往上看一個女人時，可以說是一種威嚇或攻擊性的心理表徵。

還有，認為自己比對方占優勢時也會露出這種睥睨一切的眼神。

日常生活中屢屢用這種睥睨眼神看人的男人，瞧不起身邊人的可能性很高。

另外，「想壓別人一頭」的男人也經常自然而然地露出這種瞧不起人的視線。

有一句話叫作「願意直視我的一切」，不只是精神上的直視，視線本身也會非常筆直眞誠。

換言之，既不要睥睨一切，也不要瞧不起人，而是目光炯然地看著對方，這才是誠實的表現。

POINT

心情體現在視線的動態及盯著人看的角度上。

Case 38

講話很粗魯

渣男指數　☆☆☆☆

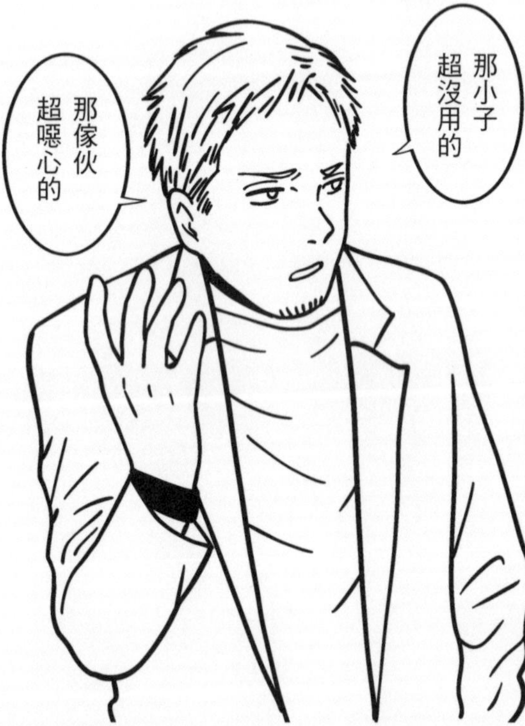

那小子超沒用的
那傢伙超噁心的

我認為人類的精神及大部分的思考都是由平常說的話或刻意不說出口的話形塑而成。因此只要觀察對方說話的方式，十之八九都能了解那個人的人格。

請仔細想想，說話時小心不要惹對方不高興、字裡行間充滿為人著想的貼心與顧慮的人會是討人厭的人嗎？肯定不是吧。

各位腦海中浮現出討厭的人、不想和對方扯上關係的人恐怕說話的方式都有點問題。例如「〇〇沒用、無能、愚蠢、派不上用場」像這樣單方面以主觀的評價來斷定別人。還有，如果對方會說「你這傢伙」、「那小子」、「煩死了」、「噁心」、「少囉嗦」、「什麼？」、「別開玩笑了」、「可惡」、「才不是〇〇呢」的話就要小心了。

我認爲溫柔體貼的人是能理解說話的影響力、願意對自己說的話負責的人。願意說話討妳歡心的人固然很迷人，可是不說話傷害妳的人更難能可貴。

POINT

言語即人格。說話真誠的人對別人也很誠懇。

Case 39

採取權威的、高壓的態度

渣男指數　☆☆☆☆☆

渣男的心眼很小，態度卻很囂張。

例如「大聲怒吼、不聽對方的意見」、「用生氣的表情瞪人」、「拿物品出氣、摔東西」等等。

反問妳「什麼？」用「妳這傢伙」來稱呼妳也是冰山的一角。

當男人採取這樣的態度，女方就會膽怯，不敢表明自己的意見，逼自己忍耐。

他們沒有「好好說話」、「展開對話」這種用細緻的語言來溝通的文化，因此光是妳單方面地努力溝通想達成共識，大概也只是一場徒勞。

另外，這種男人還具有「放東西或關門時會發出巨響」、「走路大搖大擺」、「對店員的態度很囂張」的特徵，所以最好仔細觀察對方有沒有這些毛病。

＼POINT／

之所以採取高壓的態度，
是不是為了不讓對方說出自己的意見呢？

Case 40

看似充滿自信，實則一點也不謙虛

渣男指數　☆☆☆☆

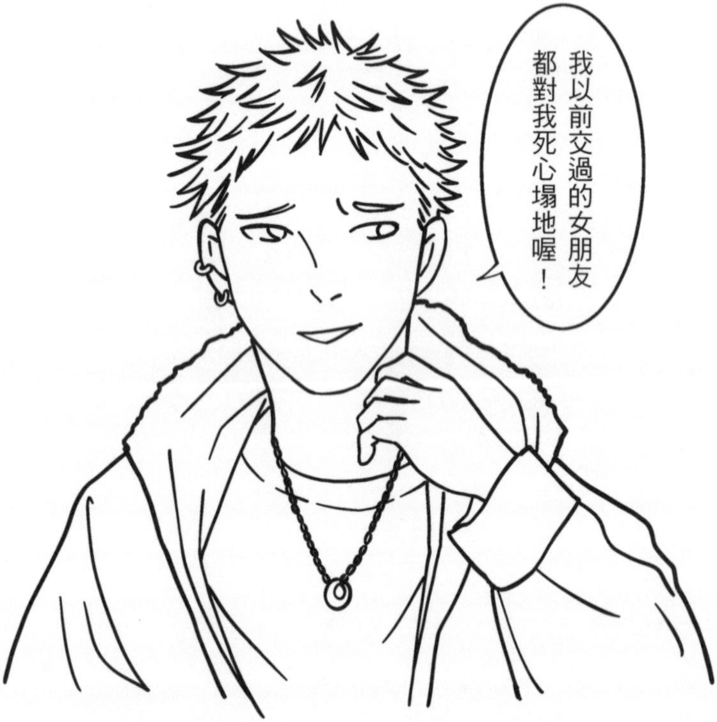
我以前交過的女朋友都對我死心塌地喔！

本來人類就應該愈有自信愈謙虛。

這是因為只要有牢不可摧的自信，就不需要虛張聲勢。

也就是說，自吹自擂、瞧不起人、攻擊別人的態度或行為很可能是因為缺乏自信。

具體的台詞像是「我以前交過的女朋友都對我死心塌地喔」、「我賺了多少錢」、「我認識這麼偉大的人喔」、「我現在負責一個非常大的專案，後輩們實在太沒用了，都靠我一個人努力，忙死我了」等等，渣男經常把這種話掛在嘴邊。

倘若對方是很有自信的人，應該會心平氣和地聽妳說話，坦率地承認自己的錯誤或失敗，也不忘感謝周圍的人。

對自己沒有信心的女性特別容易對渣男那種「只有表面工夫的自信」傾心。

請培養自己的眼光，找到謙虛又有自信的人，別被表面工夫的自信唬住。

POINT

「有自信」和「讓自己看起來很有自信」
是完全不同的兩碼子事。

Case 41

只有心情好的時候會溫柔得像是變了一個人

渣男指數 ☆☆☆☆

渣男的心情就像山上的氣溫一樣變幻莫測，心情好的時候非常溫柔，心情不好的時候冷漠得像是變了一個人。

例如：「跟他說話都沒反應」、「看起來很生氣，不敢跟他說話」。

「沒興趣」、「好麻煩」、「我不想做」、「〇〇很不行」、「少囉嗦，給我閉嘴」的發言也是同樣的道理。

像這種容易被心情左右的人基本上都沒有信念及美學，做事通常沒有邏輯可循。

言行不一純粹是因為沒有自己的主軸，僅此而已。

換句話說，他們的溫柔體貼並不是打從心底爲對方著想，只是單純因爲心情好。

另外，他們冷若冰霜的時候也不是因為妳有什麼問題，只是純粹心情不好。

因此妳的情緒大可以不需要被他們的心情影響。

POINT

妳不需要把感情浪費在無法控制自己情緒的人身上。

Case 42

眼睛一直眨

渣男指數　☆☆

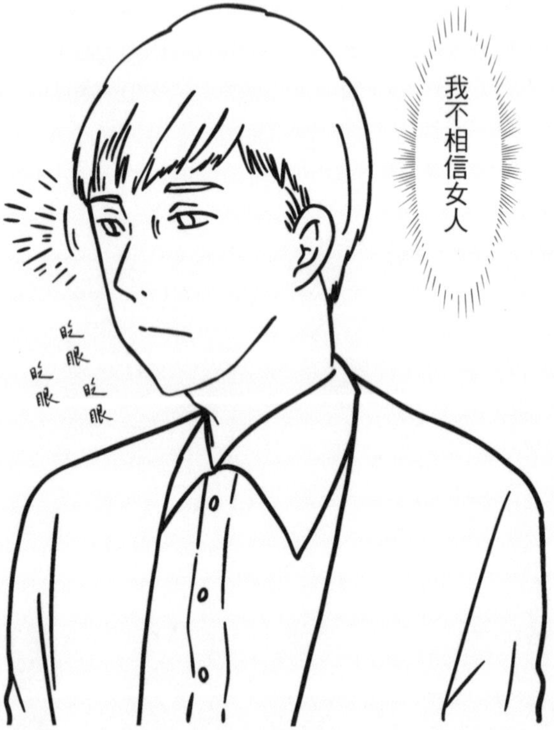
我不相信女人
眨眼
眨眼
眨眼

很難一概而論「眼睛一直眨的人」在想什麼，但眼睛一直眨的時候通常與個人的心理狀態或情感有關。

一直眨眼有以下幾個可能性：

- 神經質，容易緊張，容易感到不安或壓力
- 思考散漫，注意力很容易跑來跑去
- 對來自外部的刺激很敏感
- 疑神疑鬼、怯懦，不相信別人

除此之外，也有突然一直眨眼睛的個案。

這時可能是因爲「緊張或心神不寧」、「正在撒謊」。

雖然不能因為這樣就斷定對方是渣男，但如果覺得哪裡不太對勁，最好與對方保持距離。

POINT

一直眨眼睛通常是想隱瞞什麼的時候。

Case 43

不願意拍照

渣男指數　☆☆☆☆

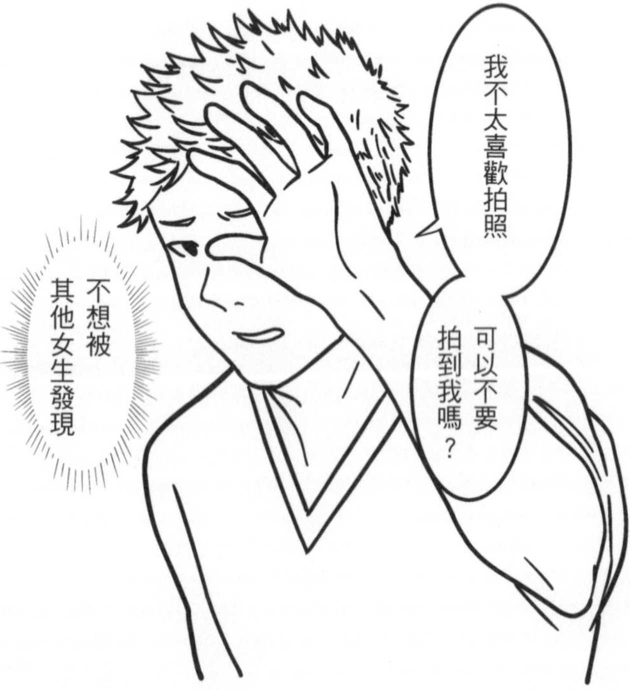
我不太喜歡拍照
可以不要拍到我嗎？
不想被其他女生發現

死都不願意拍照，或是不讓妳拍他的背後通常都有一些原因。

那麼，渣男不想讓妳拍照有哪些原因呢。

無非是為了避免照片流出去。

打個比方，假如對方還有別的女朋友或已經有結婚對象，萬一妳把他的照片放在社群網站或上傳到群組，自己腳踏兩條船的事可能會曝光，對他非常不利。

另一方面，為了跟更多女性發展出一段關係，也必須小心不讓別人知道他和妳的關係。

他們不願意拍照的原因多半是基於上述「害怕留下證據」的心態。

如果妳覺得對方好像有哪裡怪怪的，不妨提出跟他合照的要求。

倘若對方明顯表現出驚慌失措的反應，可能是對妳有所隱瞞。

POINT

提議「一起拍照吧」觀察對方的反應。

Case 44

天塌下來
也絕不放下手機

渣男指數　☆☆☆

渣男經常與好幾個女人保持聯絡，利用交友軟體或社群網站持續尋找願意和自己上床的女人，因此手機必然不離身。

也因此就連跟妳一起吃飯的時候，就算去上廁所也會帶著手機。

由此可知，上廁所時敢把手機放在桌上的人或許多多少少可以信任。

只不過，我的意思可不是說「可以利用這個機會偷看他的手機」。

相反地，不管有天大的理由都不能偷看對方的手機，千萬別做出這種侵犯隱私權的事。

就算對方手機裡沒有任何見不得人的祕密，妳「偷看手機」的事實還是會讓對方覺得妳不信任他，這麼一來，對方也不相信妳了。

重點在於要找一個值得信賴的對象，建立起不用偷看對方的手機也無所謂的關係。

POINT

隨時隨地手機不離身的人
腳踏兩條船的可能性很高。

Case 45

輕易忘記兩人的回憶

渣男指數　☆☆☆☆

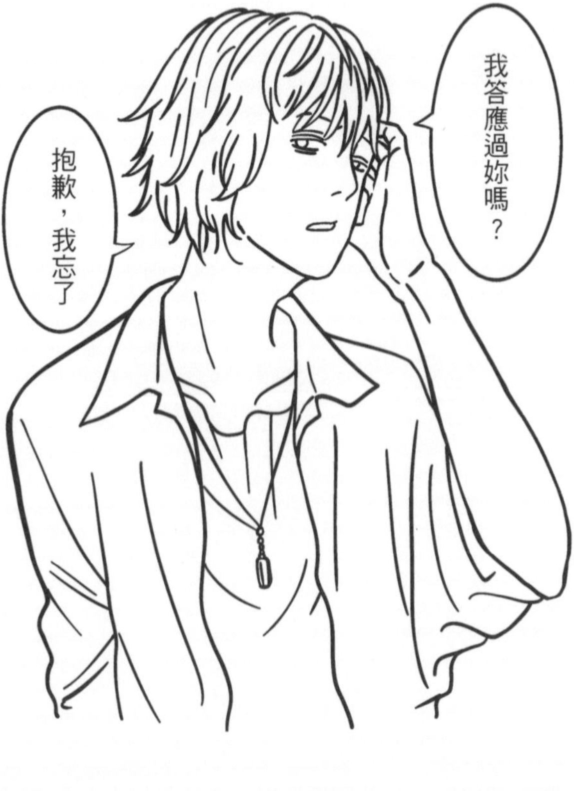
我答應過妳嗎？
抱歉，我忘了

一旦開始交往，基本上與異性的交往都會以男女朋友為中心。

問題是，渣男除了妳以外還有很多女人，與那些女人建立起超友誼的關係，因此妳明明是他的女朋友，他卻覺得妳是「眾多女人之中的一個」，不覺得妳有什麼特別。

因此他很容易忘記兩人的回憶，嚴重點的甚至還會叫錯名字。

男人確實沒有女人那麼擅長記住各式各樣的約定與發生過的事，所以不能光靠這點來判斷。

只不過，人會從沒那麼重要的事開始忘記。

因此如果他明明記得別的不重要的事，卻不記得妳的事，或是忘記兩人間重要的回憶，很可能是因為他對妳的熱情已經冷卻了。

POINT

記得多少妳的事也表示他有多愛妳。

Column 3

態度因人而有一百八十度轉變的男人

渣男指數　☆☆☆☆

人類有很多面向，因此有時候也需要配合狀況或對方來改變態度。然而，對比較有地位的人或有權有勢的人鞠躬哈腰，另一方面卻不可一世地瞧不起部下或晚輩、看起來比較懦弱的人，這種男性顯然會失去一些人的信任。不過，這種人會選擇「就算被對方討厭也無所謂的人」施壓，因此反而會得到來自四面八方的好評，這部分也在他的算計之內。

套用到戀愛上，精神暴力型的男人多半是這種人。**交往前，他們體貼得令人難以置信，可是一旦開始交往就會變了一個人。就算女性向周圍的人抱怨他們，也因爲他們表面工夫做得很好，根本沒有人相信。**

為了不招惹到這種男人，不妨仔細觀察「與人相處時是否表現出一視同仁的態度」、「是否誠實地表現出自己，沒有偽裝」。

具　體　的　台　詞

「妳就連這點小事也做不好嗎？」

「我要回去了， 妳開車來接我。」

第 4 章

看穿性格的不對勁！

～千萬別忽略不信任所引發的
「覺得這個人一點也不成熟」的訊號～

Story4 光從性格就知道對方是不是渣男!?

與值得尊敬的人在一起，感覺非常放心
現在的男朋友沒有絲毫不對勁的感覺，真不可思議
以前交往過令人感覺不安的男朋友
妳就不能再瘦一點嗎？
我喜歡苗條的女生
好過分！專門戳人家的痛處
見我生氣時
別這麼生氣嘛
想也知道我只是開玩笑的
該不會是大姨媽來了吧？笑
嬉皮笑臉地回答

我告訴朋友
我們交往的事了
妳怎麼這麼大嘴巴？沒有我的許可，不准告訴其他人
這種事還需要我提醒妳嗎
氣沖沖地說
動不動就「自以為是」地「否定」我，我真的累了
他的性格也太難取悅了吧
冷靜下來想想，「自以為是」的「否定」明明是對方有問題，我現在明白了
不能選擇那種「性格上有問題的人」

Case 46

聯絡得太頻繁

渣男指數　☆☆☆

好想快點見到妳

妳現在來我家

我們去喝酒

為什麼不跟我聯絡

我猜大部分的女性都很喜歡願意頻繁地與自己保持聯絡的男人，但是聯絡得太頻繁的男人不是「純粹沒事做」就是「很怕寂寞」或「太依賴手機」，詢問過各行各業的女性，聯絡得太頻繁的男人是渣男的機率相當高。

某位渣男說過：「只要頻繁地聯絡就能搞定女人。因為她們會把聯絡的密度視為愛情。」可見渣男有多麼瞧不起女性。

重點在於「聯絡時說的話和體貼的方式」而非「聯絡的密度」。

無論聯絡得再頻繁，只要表現出命令的語氣、自以爲是或否定對方的發言，每條訊息都很隨便，感覺不到體貼的話，那個人就與誠實搭不上邊。

另一方面，就算不常聯絡，只要能從訊息裡感受到細緻與體貼的心意，那個人應該就很誠實。

請不要被頻繁聯絡的渣男給迷惑了。

POINT

女性很重視聯絡的密度。重點在於內容而非密度。

Case 47

很會逃避責任

渣男指數　☆☆☆☆

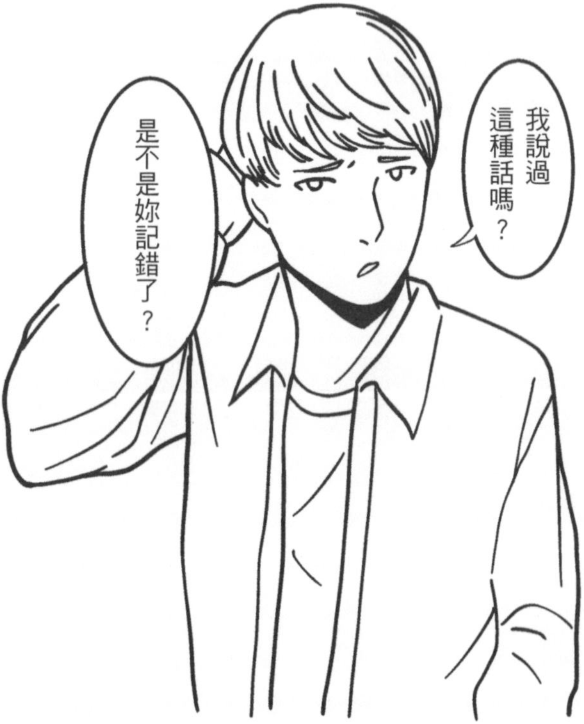
我說過這種話嗎？
是不是妳記錯了？

渣男都有一個共同點，那就是沒有責任感，在逃避責任這方面說是專業級的也不為過。

舉例來說，就算妳指責他們搞七捻三，他們反而會反過來利用妳對他的愛說：「妳要是真的愛我，就不該懷疑我對妳不忠。」或者是當他批評妳的外表，妳想讓他知道他傷了妳的心時，他也會強詞奪理地說：「那只是開玩笑啊。」為自己開脫、逃避責任。

另外，對性缺乏責任感這點也表現得很明顯，不避孕就算了，就連妳求他去檢查性病，他也推說「好麻煩」死都不去檢查。

不僅如此，還會把「都是妳的錯」、「錯不在我」、「我不記得了」、「這也是沒辦法的事」等台詞掛在嘴邊，狡猾地逃避責任。

交往或結婚意味著對彼此的關係負責。

因此請務必從對方說的話和做的事看穿對方有沒有責任感。

POINT

不能對缺乏責任感的男人有任何期待。

Case 48

限制對方的行動，或試圖控制對方

渣男指數　☆☆☆☆☆

我在接受諮詢的時候，有時會覺得來找我諮詢的女性「完全沒有自己的意見及想法耶」。

這是處於名為「不曉得自己現在想做什麼、在思考什麼」的黑暗中的狀態，大部分都是因為身邊有人在支配自己。

人一旦喪失自己做決定的機會，就會慢慢喪失自己的意志，變成行屍走肉或無法控制自己的情緒，陷入不健全的狀態。

為了不讓自己陷入這樣的狀態，一定要跟試圖支配自己的人保持距離。

以渣男爲例，「不准和其他男人見面」、「只爲我工作」、「只要照我說的做就好了」的台詞就是支配的言語。

還有，即使不是這麼顯而易見的精神暴力，奉勸各位也要重視「要是跟這個人扯上關係，感覺自己的心會變得惶惶不安」的感覺。

POINT

是否不知不覺地陷入精神暴力男的策略裡？

Case 49

經常否定對方的發言或行為

渣男指數　☆☆☆☆

前面說過「限制對方的行動」是指「做這個」或「別做那個」的支配及指示。

另一方面，「否定對方的發言或行為」則是指「沒有意義」、「那太奇怪了」這種主觀的善惡判斷。

例如「學習考證照？這麼做有何意義」、「只因為想見面的時候見不到面就說要分手也太奇怪了吧」之類的台詞。

渣男總是以「我是對的，你是錯的」這種非黑即白的單純二元論講話，因此一旦與他們扯上關係，人就會喪失自信，開始陷入「我太奇怪了」、「是我錯了」這種是自己不對的錯覺，落入否定自己的泥淖。

妳的想法、此時此刻做的事都沒有錯。

就算得不到社會大眾的認同，能判斷正不正確的只有妳自己。

請不要任由自己的人生被渣男自以為是的判斷耍得團團轉。

POINT

渣男會試圖藉由否定對方來保護自己。

Case 50

對自己是對的深信不疑

渣男指數　☆☆☆☆

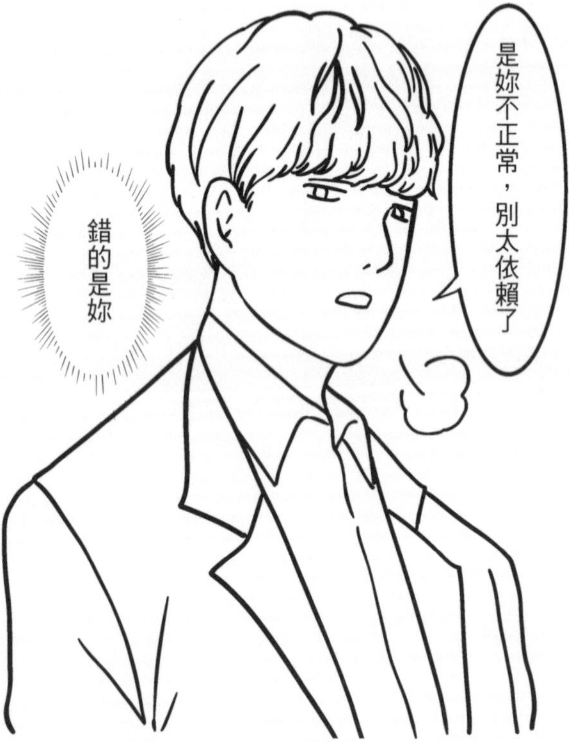
是妳不正常，別太依賴了
錯的是妳

第2章也講過，渣男死都不承認自己有錯，基本上從不反省自己的想法。

擁有「自己是對的」的標準確實很重要，但是在跟別人溝通的時候，必須從「自己是對的」與「對方是對的」中間找出一個平衡點。

這點非常困難，需要忍耐力與柔軟有彈性的思路。

渣男經常把「妳怎麼就聽不懂我在說什麼呢？」、「妳是笨蛋嗎？」這種台詞掛在嘴邊，這其實是「對自己是對的深信不疑」的固執以非常顯而易見的方式表現出來。

然而，不分男女，現代人或多或少都有「希望自己是對的」、「不想承認自己的錯誤」那一面。

「觀察渣男的行為舉止反思己身」或許是我們面對渣男時不可或缺的技巧。

POINT

應該把渣男視為負面教材，當成學習的好機會。

Case 51

動不動就懷疑對方不忠

渣男指數　☆☆☆☆

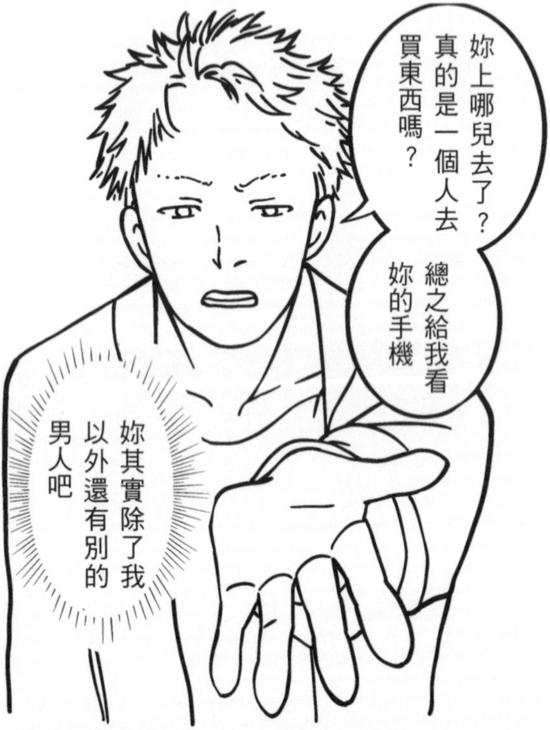
妳上哪兒去了？真的是一個人去買東西嗎？
總之給我看妳的手機
妳其實除了我以外還有別的男人吧

渣男之所以動不動就懷疑對方不忠，主要是因為自己很愛劈腿。

人類總是以自己為中心看世界，因此愈愛劈腿的人，愈容易懷疑對方是不是也跟自己一樣腳踏兩條船。

詢問這輩子與劈腿無緣的人，通常會發現他們根本沒想過對方會不會劈腿。可見人習慣在別人身上看見自己的影子。

想當然耳，只要不是無憑無據的懷疑，被懷疑的人也有問題，但如果是無憑無據的懷疑，不妨試著思考一下「那個人為何如此疑神疑鬼？」

不過凡事都有例外，也可能是因為那個人過去喜歡過不忠的女性，留下心靈創傷，導致不必要的疑神疑鬼，因此事先了解對方的過去也很重要。

POINT

追根究底、不必要地懷疑，
可能是因為對方會投射自己的缺點在他人身上。

Case 52

從不反省自己的所作所為

渣男指數　☆☆☆☆

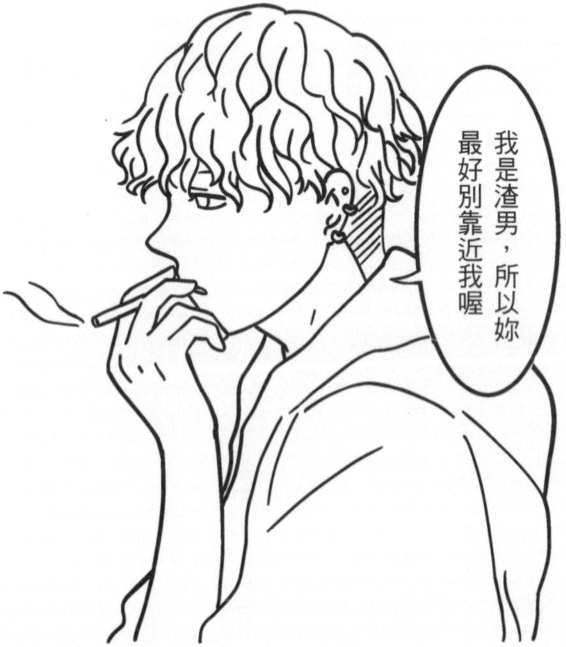
我是渣男，所以妳最好別靠近我喔

請容我再重複一遍，渣男一心只想正當化自己的行為。

舉例來說，當女性表達她們的不滿時，「我就是這種男人」、「反正我就渣」「憑什麼一定要我改變？」即為最具有代表性的台詞。

這也顯著地表現出渣男，或是男性特有的「不想為對方改變自己」的性格。

很多女性都「想為心愛的人改善自己可以改善的部分」，但是對於男性來說，不願意為對方改變自己的人似乎占了大多數。

反之，能老實地道歉、配合對方改變自己的言行舉止的人能給予女性「願意好好面對自己」的真實感受。

「與對方交往」意味著願意爲對方做出某些改變、受到對方的影響。

與拚命正當化自己，無法客觀審視自己、修正自己的人交往真的非常困難。

POINT

渣男把自己看得比什麼都重要。

拚命想保護自己。

Case 53

許下大把承諾，
結果一個也沒實現

渣男指數　☆☆☆

渣男很容易因為當時的氣氛，說出「等我忙完再去〇〇吧」、「每週見面一次吧」、「去找妳的時候一定會先打電話給妳」這種話。

那些話的背後並沒有自己的價值觀或信念，而是順應當時的氣氛，流於表面、毫無意義的發言，因此後來一定會自相矛盾。

也因此就算他們無法遵守約定也無法說明理由，嚴重一點甚至連自己承諾過的事都忘得一乾二淨。

可見他們真的很不負責任。

不過，做人要公平一點，製造出這種狀況的原因不見得全部出在渣男身上，因為自己的不安而追求不必要的承諾及制約的女性或許也有責任。

答應什麼事的時候，不妨先想清楚「為何需要這種承諾」、「這種承諾真的能讓兩人的關係變好嗎」、「萬一無法實現承諾該怎麼辦才好」。

POINT

渣男只會空口說白話，基本上不會實現承諾。

Case 54

不想讓別人知道
你們正在交往的事

渣男指數　☆☆☆☆

我們正在交往的事
不要告訴別人喔
要是不能再跟別
的女生玩可不妙

渣男很不樂見周圍的人知道你們正在交往的事。

因為一旦傳得街知巷聞，他就不能再跟別的女生廝混了。

想當然耳，公開交往會對工作造成干擾、單純只是不太跟周圍的人討論私事的人也在所有多有，因此不能一概而論，但儘管已經交往很長一段時間，卻完全不告訴任何人的話，最好直接問對方理由。

這時如果對方以「沒有必要告訴別人吧？」、「妳不相信我嗎？」為由顧左右而言他，或是答非所問的話，可能是因為腳踏兩條船。

如果是壓根兒沒想過要拈花惹草的男人，會大大方方、毫不掩飾地承認你們正在交往的事。

如果他願意把妳介紹給值得信賴的朋友或家人，慘遭對方玩弄的可能性微乎其微。

POINT

如果想隱瞞你們正在交往的事，肯定有什麼原因。

Case 55

強烈地表現出「妳本來就應該為我付出」

渣男指數　☆☆☆☆☆

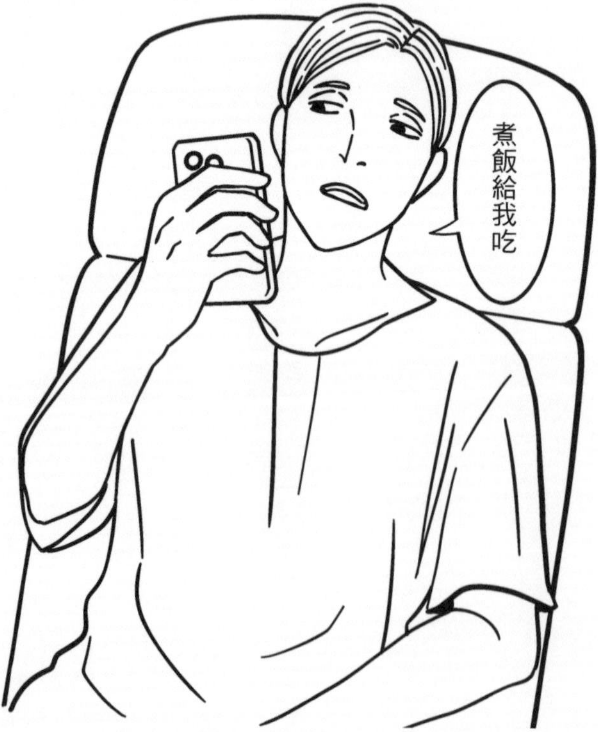

即使不要求任何回報，能得到對方的感謝還是很欣慰。得到別人的感謝能給我們活下去的勇氣。

感謝的威力就是如此巨大。因為感謝等於是肯定一個人的存在價值。

簡單地說，感謝裡藏著「你這樣就好了」、「光是你誕生在這個世界上就讓我感到很幸福」的訊息。

但渣男追求的是願意任自己呼來喝去的女傭，並非真的接受妳這個人的存在，因此大概很少說出感謝的話。

如同我們不會動不動就感謝手機，渣男只把妳當成擺飾或理所當然任他使喚的工具人，當然不會有任何感恩的心或感謝之情。

另一方面，內心充滿愛的男性應該會一而再、再而三地對妳表示感激。

因為他非常珍惜妳，隨時都能感受到妳的好。

懂不懂得感恩是看穿對方是不是渣男時極為重要的參考標準。

POINT

渣男輕蔑對方的存在，因此沒有絲毫感恩之心。

Case 56

沉迷賭博，花錢如流水

渣男指數　☆☆☆☆

為什麼十個渣男有十個都會負債呢。

那是因為他們自我控制的能力太差了。

如前所述，渣男的性格比較衝動，很容易只看到眼前的利益。

因此很難從中長期的角度來看「這種行為會帶來什麼後果」。

總是屈服於欲望，沒有計畫，所以回過神來的時候通常都已經債台高築了。

明明窮得快要被鬼抓走，卻還妄想用賭博來扳回一城，所以也沒有存款。

因此最好慎重地判斷是否要跟賭徒、衝動購物的人交往。

想當然耳，並不是所有賭博的人都是渣男，但是對自己看男人的眼光沒有自信的人，從這點來判斷通常比較不容易失敗。

POINT

花錢如流水是因為性格衝動、控制自己的能力太差。

Case 57

借錢不還

渣男指數　☆☆☆☆

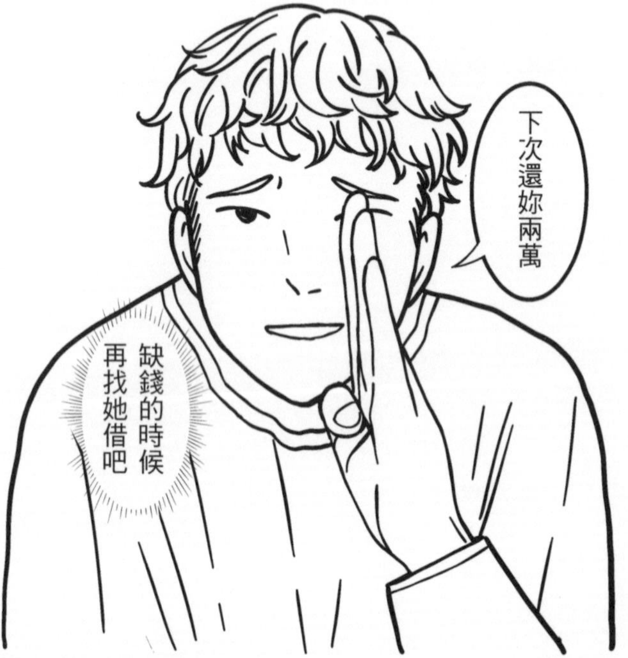
下次還妳兩萬
缺錢的時候
再找她借吧

渣男具有只在乎自己的欲望和利益，輕視別人的需求及責任的傾向。

因此敢滿不在乎地借錢，對還錢採取不負責任的態度。

我在諮詢時偶爾會收到內容為「對方不肯還錢給我，所以分不了手」的求助。

為了避免事情演變成這樣，女性不能允許對方不還錢，也不能在對方的溫情攻勢下答應延長還款的期限，而是要在展開對話的同時理解對方的狀況，讓對方徹底搞清楚還錢的重要性與責任感，敦促對方擬訂還款計畫。

倘若對方仍置之不理，就要考慮訴諸法律的手段了。

總之光是警告對方「你再不還錢，我就要找律師商量」就很有效了。

萬一渣男表現出「諒妳也不敢」的侮蔑態度，不妨眞的採取法律行爲。

妳毅然決然的態度也有助於避免出現更多受害者。

POINT

話說回來，打從一開始就不該跟會借錢的人交往。

Case 58

惜話如金，
倒是有很多肢體接觸

渣男指數　☆☆☆☆☆

我在諮詢的時候經常提出一個問題：「與對方有多少對話？」這是因為但凡有一定程度的對話，關係圓滿的可能性較高。反之，如果對話量太少，可能是因為你們的關係已經冷卻了。

對話量是多是少沒有明確的判斷標準，但是能不能分享日常生活發生的事和當時想到的事將成為一個判斷標準。

當然也有一些關係是之前已經取得很多溝通，從而建立起信賴關係，所以有無需言語的默契，不用說太多話也無所謂。

問題是，一般人很難建立起那樣的關係，幾乎絕大部分的案例都是「一方、或是雙方的熱情已經冷卻了↓對話量變少」的情況。

尤其是渣男，本來就是以為了和對方發生性行為為目的，所以不會鍥而不捨地對話，而是把重點放在有需求時能發洩自己的性慾，所以很容易演變成這種狀況。

POINT

渣男基本上不想進行言語上的溝通。

Column 4

對錢錙銖必較的小氣鬼

渣男指數　☆☆☆

花錢如流水固然是很大的問題，但是太小氣也是個問題。他們對錢很執著，追求小鼻子、小眼睛的利益。如果只是自己的問題，不會影響別人就算了，但如果把「斤斤計較」帶到人際關係裡就必須小心了。舉例來說，像是花的每一分錢都要平分到個位數，抱怨對方穿戴的衣服或飾品「那個很貴吧？妳居然把錢花在這種東西上？」等等。還有，自己很少送東西給交往對象就算了，還會厚臉皮地要求對方送自己東西也是對錢錙銖必較的小氣鬼特徵。

「對金錢的價值觀」相近是談戀愛時很重要的條件之一。請事先觀察對方都把錢花在什麼東西上，花了多少錢，怎麼使用買來的東西，就能避免發生很多糾紛。

具　體　的　台　詞

「你穿著昂貴的衣服，要花很多錢。」
「這看起來很貴，是不是太奢侈了？」

第 5 章

看穿分手的不對勁！

～別被逐漸浮上檯面的「隱藏的本性」給騙了～

Story5 光憑分手就知道對方是不是渣男!?

過去和我交往過的「渣男」們
安靜
突然失去聯絡
某一天突然
我們不適合
分手吧
這麼說的情況發生過不只一次
即使我問對方理由
還有人比我更好
不要把時間浪費在我身上
和別人幸福地過下去吧
再見
丟下這種莫名其妙的台詞，頭也不回地離開我
相反地
我再也受不了你的冷漠無情了，請跟我分手
當我主動提出分手

只因為這樣就分手太奇怪了
是妳不好
我為妳付出這麼多！
配合妳的時間，帶妳去妳想去的地方！
妳難道一點都不覺得對不起我嗎？
一味地責備我，不肯跟我分手
這就是你的本性嗎
所以一定要徹底看清對方的本性才行
不能只看表面，而是要仔細地觀察對方，
好好溝通也很重要喔

Case 59

說「我無法讓妳幸福」的男人

渣男指數　☆☆☆

「我必須讓女朋友幸福」的想法猛一聽或許會讓人覺得很有男子氣概，但是換個角度想，其實完全沒有對等性、公平性可言。

也就是說，這是出於男人認為「女人的幸福要靠男人給予」的傲慢。

談戀愛並不是某一方給對方幸福。

諸如此類的發言出自於「男人應該讓女人幸福」、「女人的幸福由男人決定」這種男尊女卑的價值觀，根深蒂固地傳到了現代。

另一方面，男人之所以會說出這種話，可能是因為女人強烈地希望「請讓我得到幸福」。

一旦無法滿足女人的期待，男人可能就會放棄掙扎說出「我無法讓妳得到幸福」。

若想從戀愛中得到幸福與救贖，就會不慎落入渣男的陷阱，讓男人說出這種傲慢的話。

POINT

如果希望別人給自己幸福，就會落入渣男的陷阱。

Case 60

說「還有人比我更好」的男人

渣男指數　☆☆☆

別浪費時間在我身上，不是還有其他更好的人嗎？
妳能不能主動提分手啊，我不想當壞人

渣男之所以說「還有比我更好的男人」可能是基於以下三個理由。

「一、沒有信心讓女人幸福」、「二、想確認女方的心情」、「三、想分手」。

如果是一的情況，可能是因為女方的要求太多，男方無法回應。

女人必須要有「不是由誰來給我幸福，我會讓自己得到幸福」的態度。

如果是二，可能是因為男方感受不到女方的愛，不得不採取「試探的行為」。不過，要和喜歡「試探」的人交往十分困難，如果妳已經一而再、再而三地表達妳的愛，對方還是不斷採取「試探的行為」，就要考慮分手的可能性了。

我猜三應該是最常見的情況。

要是坦白承認是因為「我愛上別人了」、「我已經不愛妳了」可能會傷害對方，讓自己變成壞人，所以男方才說「還有比我更好的男人」。

無論如何，這些發言都很不負責，所以不妨乾脆地告訴對方「隨便哪個男人都比你好」，乾脆地與對方分手。

POINT

不幸碰到渣男，當然「還有比他更好的男人」啊。

Case 61

突然冷漠地說「要是有其他更好的人就去找他吧」

渣男指數　☆☆☆☆

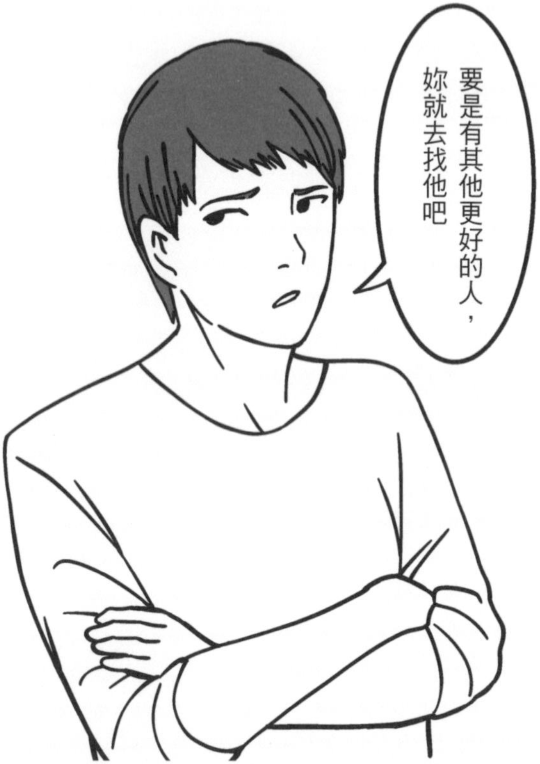
要是有其他更好的人，
妳就去找他吧

這句話跟前一節的「還有比我更好的男人」師出同門，但是硬要比較的話，這句話更惡劣。

這句話乍聽之下似乎很尊重對方，其實充滿了不想當壞人的自私心情。

再說得直白一點，即使把選擇權交給對方，男人內心仍舊認定「反正妳也離不開我」。

又或者是想藉由這句話來試探對方有多愛自己。

無論如何，他們都沒有主動提分手的勇氣和決心。

不想負責任，所以總是把重要的選擇交給對方決定。

當對方說出「要是有其他更好的人就去找他吧」，請成為一個能毫不戀棧地說「好啊，就這麼辦。感謝你一直以來的照顧」的女人。

POINT

渣男最會的就是逃避責任，
總是把重要的選擇丟給對方決定。

Case 62

莫名其妙地丟下一句「我很喜歡妳，但我們分手吧」就要跟妳分手

渣男指數　☆☆☆☆

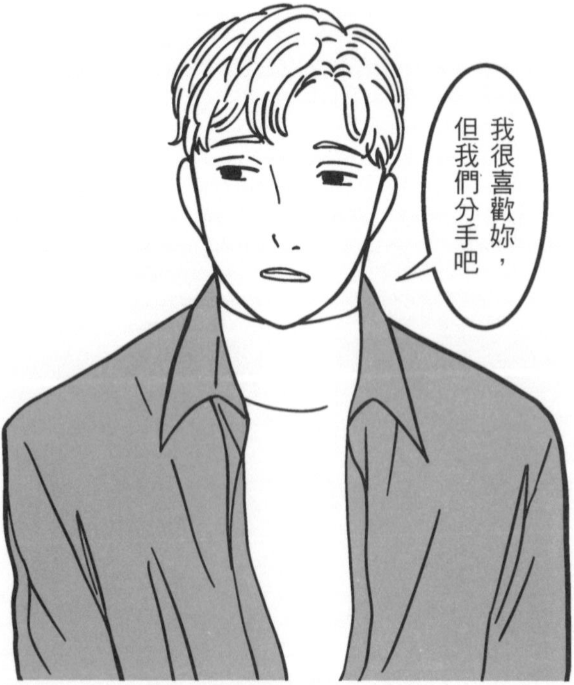
我很喜歡妳，
但我們分手吧

說到談戀愛，分手的時候通常能表現出那個人的本質，而渣男在分手的時候往往不願意說清楚為什麼要分手。

基本上都只留下莫名其妙、不知所云的台詞就閃人了。

這麼一來，女方會感到不知所措，反而不願意放手。

社群網站上可以看到非常多求復合的發文或留言，令我大吃一驚。

這個問題出在無法接受事實的女性與讓對方產生期待的男性身上，雙方都有責任。如果男方夠誠實，應該會仔細地說明到雙方都能接受分手的事實，不會讓女方仍有期待，也不會讓女方想要求復合。

遺憾的是對方愈渣，復合的可能性愈高。

因爲渣男經常是基於氣氛或一時衝動，不負責任地提出分手，沒多久就反悔「還是別分手了」。

但願全天下的女性都能理解這個荒謬的現實。

POINT

對方愈渣，復合的可能性愈高。

Case 63

威脅妳
「我要把妳的祕密抖出來」

渣男指數　☆☆☆☆☆

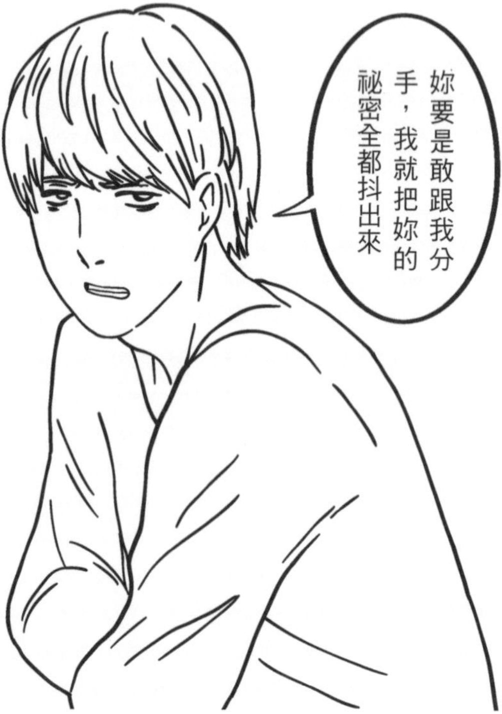
妳要是敢跟我分
手，我就把妳的
祕密全都抖出來

就算下定決心想與渣男分手，渣男也有一百零八套劇本能讓女方分不了手，像是恐嚇女方、讓女方充滿罪惡感等等。

諮詢時聽女性提起這類男人的話題，發現很多男人話放得非常狠，實際採取行動的人卻少之又少。

冷靜想想就知道了，因爲就算實際採取行動，對男方也沒有益處，反而會讓周圍的人覺得「這傢伙很過分，居然想宣揚別人的隱私」，簡直有百害而無一利。

如前所述，渣男只有一張嘴厲害。

因此就算他說要把妳的祕密抖出來，也只是說說而已。

不管對方說什麼，都請華麗地轉身：「隨便你，如果你真想這麼做的話。」頭也不回地離開他。

沒必要把他們說的每一句話當真，更沒必要施捨反應。

\ POINT /

不管對方是哭著求妳還是恐嚇妳，都沒必要動搖。
渣男的恐嚇通常只是嘴上說說而已。

Case 64

表現出「我以前受過很多傷」的被害者姿態

渣男指數　☆☆☆☆☆

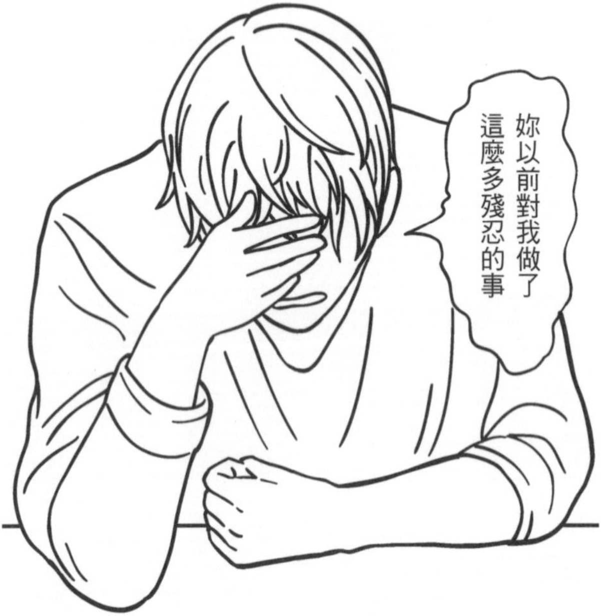
妳以前對我做了這麼多殘忍的事

前面告訴過大家「渣男通常不肯和妳分手」，因此他們有一個策略，那就是「表現出被害者的姿態，讓對方產生罪惡感」的方法。

渣男知道這個方法非常有效，我諮詢時也聽過很多女性傻傻落入這個策略的圈套。至於爲什麼讓人產生罪惡感這麼有效呢？因爲可以激起對方「如果我執意要和他分手，那他就太可憐了」的同情心和讓對方陷入「是我不好，是我傷害了他，所以我不能離開他，自己得到幸福」的心理盲點。

因此女性必須認清渣男的策略，努力與對方一刀兩斷。

萬一妳對他們有一絲同情心，他們會利用妳的同情心，得寸進尺地大肆表現出自己才是被害人。

這麼一來，女方向他道歉的次數就會增加，不知不覺磨損了自己的自尊心。

不需要對分手產生罪惡感。

妳有權利過好自己的人生。

POINT

渣男是激起同情心的專家。

Case 65

試圖用甜言蜜語留住妳

渣男指數　☆☆☆

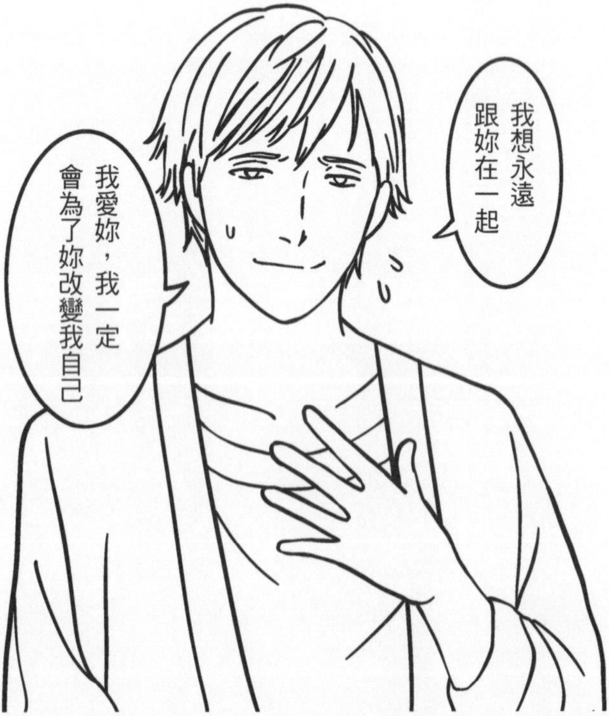
我想永遠跟妳在一起
我愛妳，我一定會為了妳改變我自己

有些男人明明過去對妳壞到不行，直到分手時才開始講些好聽的甜言蜜語。因為快要失去，他們才終於明白女朋友的重要性及女朋友的存在有多麼值得感恩，急著想要留住女朋友。

這時他們大概會說出從過去對妳的糟蹋完全無法想像，動人又溫柔的話語。因為他們知道，聽到那些話，對方就離不開自己了。

面對這種狀況時，有些女性會忍不住產生「他會爲我痛改前非」的期待，但妳的期待究竟有沒有實現過呢。

溫柔的人平常就很溫柔。

珍惜妳的人平常就會表現出珍惜妳的態度。

重點在於不要選擇直到快要失去的時候才意識到妳有多珍貴的男人，而是要選擇平常就對妳心存感激的男人。

POINT

千萬不能相信渣男分手時說的甜言蜜語。

Case 66

堅持「我對妳付出這麼多」不肯跟妳分手

渣男指數　☆☆☆☆

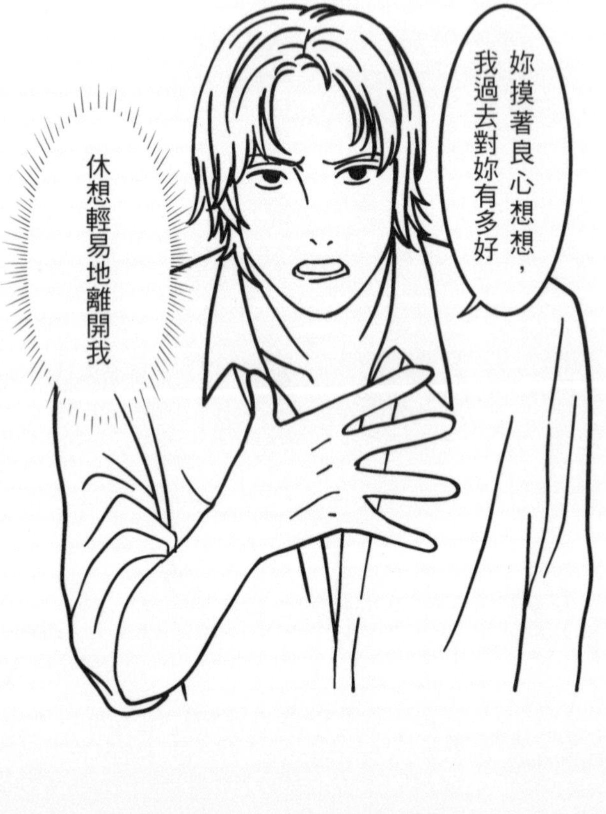
妳摸著良心想想，
我過去對妳有多好
休想輕易地離開我

很多渣男都不允許妳輕易離開他。

女方很容易陷入「他不願意和我分手是因為他非常愛我」的迷思，但渣男不願意跟妳分手純粹是因為支配的欲望，才不是基於愛情。

麻煩的是就算女方告訴渣男：「如果你不想跟我分手，就好好地珍惜我。」通常也得不到任何回應。

因爲渣男既不肯跟妳分手，也沒打算改變自己，跟妳好好過日子。

一旦陷入這種僵局，就算提出分手，也沒有任何效力。

不妨忽視對方的意思或意見，採取就算撕破臉也要分手的行為，像是「雙方帶回留在彼此家裡的私人物品」或「封鎖對方的訊息或社群網站」等等。

戀愛經常陷入無法圓滿分手的泥沼。

如果想等對方同意與妳分手，可能一輩子都牽扯不清，只是浪費時間，所以請自己主動做出分手的決定。

\ POINT /

渣男不會讓妳稱心如意地分手，
所以就算不說分手也要採取分手的行動。

Case 67

明明是他自己甩掉妳的
居然還有臉哭

渣男指數　☆☆

大部分的渣男分手時都會哭。而且明明是自己甩掉對方還哭得撕心裂肺。想哭的明明是被甩掉的人，連哭的時機都要先下手為強，逼迫對方背上罪惡感。果然渣男直到最後一刻都厚臉皮又神經大條。

不過，有些特殊的情況是明明都還深愛著對方，可是因爲工作的關係不得不分手，所以不是所有分手時哭泣的男人都是渣男，但仍難免讓人產生「既然要哭，爲什麼要提分手呢？」的疑問。

想也知道，渣男才不在乎對方的心情。他們哭哭啼啼只是因為控制不了自己的情緒。這時女性很容易陷入「看他這麼傷心，可能還有機會復合」的誤區，但傷心與對妳還有依戀完全是兩回事。

反而是大哭一場後，感覺神清氣爽，到了第二天就完全像個沒事人似地才是渣男的真面目。

他們的眼淚沒有什麼特別的理由。對他們有任何期待簡直是浪費時間。

POINT

別被渣男的小劇場騙了，不如直接戳破「既然要哭，為什麼要提分手呢？」

Case 68

分手時說「妳要幸福喔」

渣男指數　☆☆

如果說渣男有什麼「廢話」，無非是分手時那句「妳要幸福喔」。

聽到這句話，大部分的人應該都會覺得很刺耳。

如果眞心希望對方得到幸福，大可在心裡默默祝福，故意講出來無疑是直到最後一刻都想當個好人。

另外，「妳要幸福喔」這句話背後其實隱含著「妳現在很不幸」的暗示。翻譯過來就是「和我分手的妳現在很不幸，所以希望妳今後能努力抓住幸福」的意思。

如果妳聽到這種目中無人的祝福，不妨告訴對方：「能和你分手，我已經很幸福了。」

分手並非不幸的開端，而是獲得新的幸福的契機。

POINT

「妳要幸福喔」的弦外之音是「妳現在很不幸」。

Case 69

分手後向妳索討以前送妳的禮物或約會花的錢

渣男指數　☆☆☆☆☆

把我以前花在妳身上的錢全部還給我
十五萬加稅，一毛也不能少

交往時花在約會或用來買禮物的錢並不是以「稍後要還」為前提花出去的錢，而是「無償給予」的東西，因此一般都會認為是贈與。

萬一分手後，前男友一直吵著要妳還錢，不妨斬釘截鐵地告訴他以下兩點：

· 相當於「贈與契約」（民法1013條），所以沒有償還的義務
· 要是再繼續糾纏，妳會找律師商量，訴諸法律的手段

基本上，渣男的行爲原理是「無視對方的需求，一廂情願地給予」、「給予是爲了得到對方的回報」，所以事後很容易陷入「把錢還給我」的僵局。

倘若對方表現出「堅持不讓妳付錢」、「拚命送妳貴重的禮物」的態度，最好提高警覺。

\ POINT /

渣男做的每一件事都要求回報，
最後一定要全部收回來才甘心。

Case 70

明明是他自己甩掉妳的居然還強迫妳跟他復合

渣男指數　☆☆☆

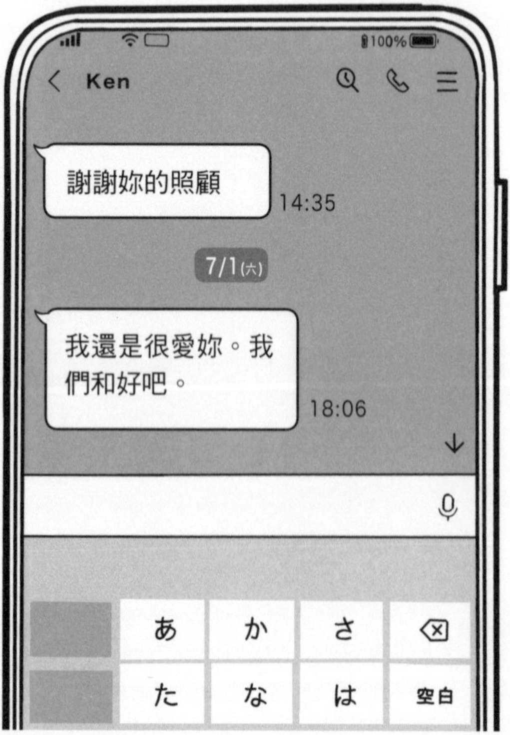
Ken
謝謝妳的照顧
14:35
7/1(六)
我還是很愛妳。我們和好吧。
18:06
あ
か
さ
た
な
は
空白

渣男分成「死都不跟女方分手的類型」和「輕易跟女方分手的類型」。這兩種都很麻煩，前者會讓人體會到「想分手卻分不了手的痛苦」；後者會讓人經歷「相同的事一再發生的痛苦」。

如果要詳細地說明後者，這種類型的男性具有情緒化、衝動的性格，言行不一致。

因此會突然冒出一句「分手吧」，可是第二天又推翻自己的決定「我還是想跟妳在一起」，說的話完全沒有一貫性。

無法對自己說的話負責，經常說出不經大腦思考的話，明明是他自己甩掉妳的，居然還強迫妳跟他復合的案例在所多有。

就算眞的復合，兩人根本上的問題並沒有解決，因此很快又會鬧分手，陷入分分合合的無限迴圈。

所以要有心理準備，就算真的復合，也會一直分分合合，糾纏不清。

＼POINT／

對方會蠻不在乎地要求復合，
所以千萬不能隨之起舞。

Case 71

頻繁地保持聯絡，阻撓對方重新出發

渣男指數　☆☆☆

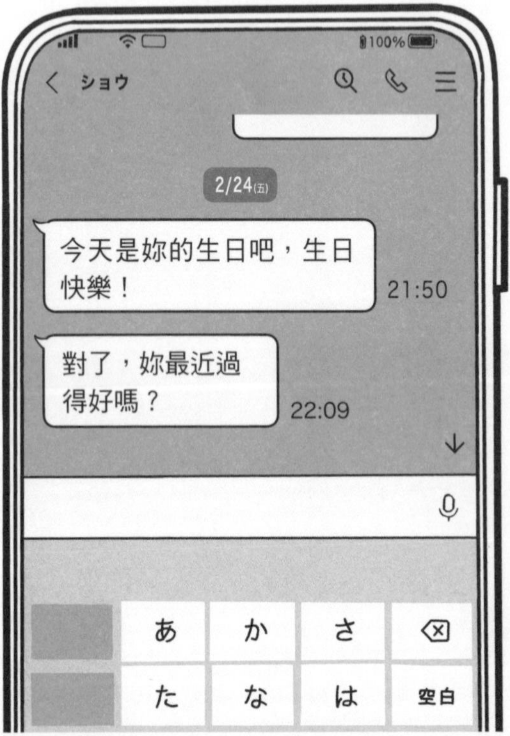

ショウ
2/24(五)
今天是妳的生日吧，生日快樂！
21:50
對了，妳最近過得好嗎？
22:09
あ
か
さ
た
な
は
空白

根據我諮詢的經驗，剛與男朋友分手來找我商量的案例占了壓倒性的多數。可見對女性而言，失戀後要再往前走是非常困難的一件事。

另一方面，不知是否源於分手後一時的解放感，渣男經常完全不管不顧對方的精神狀態，頻繁地與對方聯絡，連一絲半縷的體貼也沒有。

女性大概會覺得「好不容易分手了，為什麼還要來打擾我」。

他聯絡妳並沒有特別的用意。

硬要說的話，頂多只是「因為寂寞，所以想跟妳聯絡」。

這時要是產生「都已經分手了還跟我聯絡，他果然還喜歡我吧」或「他到底想做什麼」的念頭，就會產生執著的念頭。

要是因此感到耿耿於懷，建議封鎖對方。除非精神面真的非常堅強，否則要一面與前男友保持聯絡，一面往前走非常困難，可能會想要破鏡重圓。

既然都分手了，就活出自己的光采，讓分手變成正確解答吧。

\ POINT /

他傳來的訊息並無深意，千萬不要當真。

Column 5

凡事只有三分鐘熱度的男人

渣男指數　☆☆☆☆

渣男很容易只有三分鐘熱度。這種男人談起戀愛來，交往前會拚命向女生示好，可是一旦開始交往，態度會瞬間變得冷淡，過去明明聯絡得很頻繁，會突然人間蒸發，所以女方很容易因此變得執著。

工作及學習、興趣及人際關係也會變來變去，沒有自己的主軸。**或許對他們來說，戀愛、工作、興趣都只是爲了填滿自己內心怎麼也填不滿的空洞，一種暫時性的手段。**

問對方「可有持續做過什麼事？」、「現在的工作（住處）是第幾年了？」是看穿對方是否為渣男的技巧。有些人一直換工作或一直搬家是因為真的不得已，所以要深入地挖掘背後的原因。另外，或許也可以從一起去喝酒的樣子稍微判斷對方是不是只有三分鐘熱度。假如對方一直點相同的飲料，三分鐘熱度的可能性或許沒那麼高。

具　體　的　台　詞

「現在的環境不適合我，　我已經換過十份工作了。」

「我談過最久的戀愛只有兩個月。」

尾　聲

如何不愛上
感覺非常不對勁
的渣男

LESSON 1 擁有穩定的情緒

如果無法看穿對方是不是渣男，基本上一點也不了解對方的本質。

至於爲什麼會不了解對方的本質呢，通常是因爲以談戀愛或被愛爲目的。因為太過於追求結果，希望快點「交到男朋友」、「渴望被愛」，來不及產生想了解對方的好奇心。

換句話說，是處於情緒並不穩定的狀態。

因此為了看穿對方的本質，必須擁有穩定的情緒。為了擁有穩定的情緒，絕對不能少了以下兩點。

- 傾聽自己的願望
- 保持享受過程的態度

第一點是「傾聽自己的願望」，可惜現代人有好多人都栽在這點上。
之所以這麼說，是因為現在只要透過社群網站或媒體就能輕易地獲取資訊，導致許多人拘泥於「要怎麼做才能成功」的正確性上，看不見「自己想怎麼做」的願望。

另外，也有人在以IG為首的社群網站看到別人幸福洋溢的生活百態，從而陷入「自己也得變得跟他們一樣才行」的強迫觀念或焦慮，作繭自縛。
又或者是受到來自家人或朋友不必要的建議或同儕壓力的影響，例如「妳都幾歲了，快點交個男朋友吧」。

因此請先暫時離開上述這些社群網站的喧囂或是會帶給自己壓力的環境，靜下心來傾聽自己的聲音。

想做的事、不想做的事、開心的事、不開心的事、想接觸的人、不想接觸的人、想去的地方、想看的東西、想知道的事、想改變的事……請仔細地一一面對這些事，從辦得到的部分開始一點一滴地做起，可以放掉的就統統放掉吧。

如果一個人進行有難度，不妨向值得信賴的朋友或諮商師尋求協助。

第二點是「保持享受過程的態度」，只要思考如果一味地重視結果會有什麼下場，應該就很容易理解了。

舉例來說，談戀愛的結果不外乎「交往」、「結婚」、「白頭偕老」。其中有很多光靠自己無法控制的事。

另一方面，所謂的過程則是「怎麼面對」、「如何享受那段時光」、「從過程中得到什麼、學到什麼」，可以靠自己的行動或意識或下的工夫來控制。

要是只在乎結果，就看不見過程中遇到的偶然及細微的喜悅，就會失去內心的平靜。

光是獲得結果並不能保證人生一定會過得幸福美滿。反而是一路走來的過程才能給人生帶來充實及幸福感，讓人生充滿光彩。

世間萬物瞬息萬變，最終一定會失去。

愛情也不例外。

每段愛情的終點都是別離。

萬一接下來得不到自己想要的結果，選擇會讓人想要經歷那個過程的路去走才是重點所在。

若想從戀愛中得到幸福與救贖，就會不慎落入渣男的陷阱，讓男人說出那些傲慢的話。

LESSON2 持續觀察對方，與對方交談

爲了看清楚對方是什麼樣的一個人，必須蒐集與對方有關的資料。

爲了得到這些資料，需要觀察與對話。

各位平常可曾仔細地觀察對方。

眼神如何？視線是怎麼動的？表情裡藏著什麼祕密？擁有什麼樣的節奏與氛圍？有什麼習慣？說了什麼？不說什麼？以什麼樣的語氣說話？對什麼樣的東西表示體貼與敬意？害怕什麼？追求什麼？會與對方僵持不下嗎？

可曾從各種不同的角度來觀察對方。

說穿了，就是要抱著好奇心與對方相處。

而這些仔細的觀察都需要前述精神上的穩定。

其次需要的是「想觀察對方的意志」。

與渣男談苦澀戀愛的人多半欠缺正視眼前現實的意志。

重點並不是「希望事情變成這樣」這種基於願望的觀察或是憑主觀意識決定「我是這樣的，所以對方一定也是這樣」，而是從客觀的角度來觀察對方「無論對方是什麼樣的人，我都能冷靜地接受現實」的態度。

如果做不到這一點，或許就會刻意忽略不對勁的感覺。

為了了解對方、看清楚對方是什麼樣的人，還有一點很重要，那就是對話。

各位平常與對方交流、溝通的頻率有多高呢？

話說回來，對話與會話有什麼不同呢。

所謂會話，指的是基本的情報交換，是為了享受說話本身的樂趣。

這時說話的主體是「我」。

而對話則是著眼於彼此在價值觀及想法上的差異等等，相互肯定、相互尊重、企圖以平等的態度相互理解的溝通。

這時說話的主體將變成「我們」。

當說話的主體變成「我們」，溝通是雙向的，孕育出特別感及連帶感。

至於什麼是容易讓說話的主體變成「我們」的話題呢？像是彼此的優點、對彼此的印象、關係的變化及回憶、未來想一起去的地方或一起做的事、對某件事或作品的感想、舉出彼此的共同點或差異性等等。

只不過，話題本身並不重要。

重要的是「想怎麼對話」，兩人的自我將決定你們的關係。

說得極端點，只要雙方都有強烈的好奇心與深刻的興趣，話題自然而然就會源源不絕地跑出來，最終將加深彼此的相互理解及信賴感。

另一方面，渣男的溝通基本上始於會話、終於會話，從頭到尾都是單行道。

例如「因為我是○○」、「我正在○○，以前也○○」、「那傢伙是○○喔」，由始至終都在講自己的事、自吹自擂、自我辯護、為自己找理由、否定別人等等，占了會話的絕大部分。

對別人說的話一點興趣也沒有，自然也不會深入探討，不尊重也不認同彼此之間的差異。

換句話說，只要自己能掌握對話的主導權，就能避免與渣男談戀愛的風險。因此重點在於別害怕與對方的差異，勇敢地表達自己的想法和意見，對別人的人生及價值觀感興趣，充滿好奇心地聽對方說話。

而且要持續下去。

為了判斷對方是不是也認真地面對妳，妳必須好好地面對對方，展開對話。

LESSON3 反而要重視「投資報酬率不高的事」

我在諮商的生涯裡留意到一件事。

那就是愈想抄捷徑的人，愈得不到真正重要的東西。

換句話說，那是一種想輕輕鬆鬆不勞而獲的心態。

與渣男談戀愛確實很輕鬆。

能透過他們的存在立刻滿足排遣寂寞及得到認同的欲望。

渣男追求的也是寂寞、不成熟的女人，所以兩邊的利害關係一致，所以才能一下子就天雷勾動地火。

問題是，這種關係通常維持不了多久。

各位聽過「茶壺理論」嗎？

如果是小小的茶壺，能立刻把水燒開，但水一下子就冷卻了。

如果是比較大的茶壺，要花一段時間才能把水燒開，可是水一旦沸騰，就不容易冷卻。

換言之，不費吹灰之力得到的東西也很快就會失去，花很多時間才得到手的東西則比較不容易失去。

換成談戀愛，可以說是「能夠交往多久取決於花多少時間走到交往這一步」。

妳重視即效性（很快就得到手也很快就失去）還是非即效性（沒那麼容易得到手但也沒那麼容易失去）呢。

要是不想跟渣男談戀愛，請重視非即效性而不是即效性。

簡單一句話，不要一下子就交往、一下子就上床，多花一點時間對話，擁有共同的體驗。

我的意思並不是說一下子就交往、一下子就上床有什麼不好。
我的意思是說，那不應該是用來讓關係更進一步的手段。

還有，我也沒有要否定與渣男談戀愛的意思。
如果只是想追求一時的刺激，和渣男談戀愛也是不錯的人生體驗。
但是如果要跟渣男談戀愛，就必須放棄天長地久及安全感。
妳可以選擇自己想要的戀愛形式與兩性關係、生存之道。
妳想怎麼活呢？

後記——

相信自己的感性，擁有自己的判斷

截至目前講了許多關於渣男的劣跡斑斑，但這一切都是我個人的想法，沒有絕對的對與錯。

當然，也有些渣男不屬於我說的任何一種，也有誠實的男人有這些壞毛病。所以請先對我在這本書裡寫的內容存疑，試著提出自己的一套解釋。

這裡有一個大前提，假如妳認為那個人是「美好的人」，那個人肯定很美好。

不管誰把那個人說得多壞，妳也不必隨別人的判斷起舞。

重點在於相信自己的感性，擁有自己的判斷標準。

請先看重自己內心感受到的一切。

最終足以仰賴的唯有妳自己的感性。

試著與對方建立關係，掌握自己的心有什麼感受、有什麼波動，自己的感性捕捉到什麼，仔細地一一拼湊起來，與自己對話。

藉由重複以上的作法，形成屬於自己的判斷標準。

自己的判斷標準有時也可能會出錯。

但出錯也沒關係。

錯了再打碎重組就好了。

不妨一再地打碎重組。

此舉能提高判斷力的精準度。

或許會發現不需要那些過於輕易的判斷也說不定。

人類有很多面向，每一面都有各自的複雜程度。

感情、言語、行為自相矛盾的情況也在所多有。
如果硬要分出是非黑白、硬要塞進狹窄的框架，反而無法真正地了解對方。
要是從自己的感性出發就能深入地了解對方，該有多麼輕鬆啊。
所以希望大家都能先摘下戀愛、結婚、渣男之類的有色眼鏡，以純粹的心情享受人與人之間的關係。
這是我最後想說的話。
一定有只有妳才能看見的風景。

板垣太朗

富能量 0109

一眼就看穿！
「渣男」圖鑑

作　　者：板垣太朗（見知らぬミシル）
譯　　者：賴惠鈴
責任編輯：林靜莉
封面排版：王氏研創藝術有限公司
內文排版：王氏研創藝術有限公司

總 編 輯：林麗文
主　　編：高佩琳、賴秉薇、蕭歆儀、林宥彤
執行編輯：林靜莉
行銷總監：祝子慧
行銷企畫：林彥伶

出　　版：幸福文化出版／遠足文化事業股份有限公司
發　　行：遠足文化事業股份有限公司（讀書共和國出版集團）
地　　址：231 新北市新店區民權路 108 之 2 號 9 樓
郵撥帳號：19504465 遠足文化事業股份有限公司
電　　話：(02) 2218-1417
信　　箱：service@bookrep.com.tw

法律顧問：華洋法律事務所 蘇文生律師
印　　製：呈靖彩藝有限公司
初版一刷：2024 年 09 月
初版二刷：2025 年 03 月
定　　價：360 元

978-626-7427-90-3（平裝）
978-626-7427-88-0（PDF）
978-626-7427-87-3（EPUB）

國家圖書館出版品預行編目 (CIP) 資料
一眼就看穿！渣男圖鑑／板垣太朗（見知らぬミシル）著 . -- 初版 . -- 新北市：幸福文化出版社出版：遠足文化事業股份有限公司發行 , 2024.09
面；　公分
ISBN 978-626-7427-90-3（平裝）
1.CST: 戀愛 2.CST: 戀愛心理學 3.CST: 兩性關係
544.37　　　113009213